W9-CEO-936

LE TARTUFFE

Paru dans Le Livre de Poche :

LE BOURGEOIS GENTILHOMME

DOM JUAN

LE MALADE IMAGINAIRE

LE MISANTHROPE

L'AVARE

L'ÉCOLE DES FEMMES

LES FEMMES SAVANTES

LES FOURBERIES DE SCAPIN

LE MÉDECIN MALGRÉ LUI

GEORGE DANDIN
suivi de
LA JALOUSIE DU BARBOUILLÉ

AMPHITRYON

LES PRÉCIEUSES RIDICULES

MOLIÈRE

Le Tartuffe

ou

L'Imposteur

Comédie

1664-1669

PRÉFACE, COMMENTAIRES ET NOTES PAR JEAN-PIERRE COLLINET

LE LIVRE DE POCHE

Texte conforme à l'édition de 1669.

Jean-Pierre Collinet, professeur émérite à l'université de Dijon, auteur d'une thèse sur *Le Monde littéraire de La Fontaine* (1970), a publié notamment diverses éditions (La Fontaine, Perrault, Racine, Boileau). Sur l'auteur du *Tartuffe*, on lui doit différentes études ainsi qu'un volume où, sous le titre, *Lectures de Molière* (A. Colin, 1973) sont regroupés les principaux jugements suscités par son œuvre de dramaturge du XVIIe siècle à nos jours.

PRÉFACE

Les résistances rencontrées par la comédie de *Tartuffe* dès son apparition et dont on trouvera plus loin le détail, la sorte de scandale que suscite immédiatement la pièce annonçaient une œuvre d'une force exceptionnelle. La critique s'est interrogée sur son véritable sens et son exacte portée sans que, depuis plus de trois siècles, la discussion soit close. On a pu croire que Molière a voulu viser les jansénistes, et même, comme Louis Lacour, qu'il avait composé sa pièce à l'instigation du roi, pour servir sa politique à leur égard. La mise en scène d'un Louis Jouvet, volontairement austère et sombre, atteste que cette interprétation, que rien pourtant n'autorise dans le texte, garde ses adeptes. Inversement, surtout à l'époque de la Restauration, vers 1825, les libéraux, hostiles à la Congrégation, ont applaudi dans la pièce une satire des jésuites. Certes, plusieurs passages reprennent les railleries de Pascal contre la direction d'intention, la restriction mentale, voire la doctrine des opinions probables. Mais ils restent ponctuels, et l'on ne sache pas que la Société les ait relevés.

Depuis que la Compagnie du Très Saint Sacrement de l'Autel est mieux connue, grâce aux travaux de Raoul Allier et d'Alfred Rébelliau, complétés par ceux d'historiens plus récents, on s'accorde en général à reconnaître, comme Francis Baumal, que *Le Tartuffe* tourne en dérision le programme de réforme religieuse et morale que ses membres se donnent pour but, tant à Paris que dans des villes de province telles que Marseille, Bordeaux, Grenoble ou Caen. On allègue même que Molière a pâti de leurs agissements dès le temps de l'Illustre-Théâtre, lorsque le curé de Saint-Sulpice voyait d'un mauvais œil l'installation de la troupe sur le territoire de sa paroisse, au jeu de paume dit des Métayers. On rappelle que le prince de Conty, qui, jusqu'en 1657 avait protégé Molière, avait alors, devenu dévot, cessé de le patronner, qu'il était entré dans la cabale, comptant parmi ses têtes, et que Molière pourrait bien l'avoir pris pour modèle dans *Dom Juan*. On dit que l'auteur de *Tartuffe*, aussi bien dans le Midi qu'en Normandie, avait vu de près les abus de pouvoir, les spoliations, l'espionnage des familles ou des communautés religieuses, les actes de délation commis sous le couvert de l'anonymat par les membres de ces confréries secrètes au nom du rigorisme religieux. On ajouterait volontiers qu'elles paraissent visées dès *L'École des femmes* : car la façon dont Arnolphe se charge d'Agnès à l'âge de quatre ans évoque, non sans le caricaturer, le mouvement de charité stimulé par saint Vincent de Paul en 1648 pour secourir les populations de Picardie et des provinces avoisinantes, tombées par suite des opérations militaires dans une effroyable misère. Cependant Tartuffe lui-même apparaît plutôt comme un aventurier escroc, un isolé qui n'agit guère que pour son propre compte. La silhouette seule de Monsieur Loyal, ainsi que les propos de Cléante, laisse deviner à l'arrière-plan les ramifications d'un réseau parfaitement organisé. Faut-il, dans ces conditions, chercher à l'hypocrite un modèle précis dans la réalité, comme un Crétenet, chirurgien-barbier plus ou moins illuminé de Lyon, ou Charpy de Sainte-Croix, dont l'historiette contée par Tallemant des Réaux, offre de si piquantes analogies avec l'intrigue de la pièce ? Mais la comédie atteint une vérité trop générale pour ne pas dépasser l'anecdote : aucune clef ne peut en épuiser la riche et complexe signification.

Les intentions de Molière apparaîtraient plus nettement si l'on pouvait être fixé sur sa philosophie personnelle, ou ses croyances. Nul cependant moins que lui ne regarde le théâtre comme une tribune qui lui permettrait d'exposer ses idées propres, au point que René Bray, voici presque un demi-siècle, posait, brutalement provocante à dessein, cette question : « Molière pense-t-il ? » Non qu'il faille le réduire au rôle de simple amuseur. Mais tout, chez lui, se subordonne aux préoccupations multiples de son métier. Interprète, auteur, chef de troupe, il doit tenir compte avant tout de ce qu'attend de lui le public. Point de thèse dans ses pièces, même s'il prend parfois des raisonneurs comme Cléante pour porte-parole, les chargeant moins de formuler des opinions qui lui tiennent au cœur que de refléter celles des gens sensés. Traducteur de Lucrèce, ami de ce Chapelle, joyeux vivant qui reçut l'enseignement de Gassendi, Molière se laisse ranger par les uns, tel John Cairncross, dans le camp des libertins. D'autres, tout au rebours, le considèrent, avec Raymond Picard, comme sincèrement chrétien, adepte d'une religion conciliable avec les agréments de la société, qui s'élève seulement contre les excès d'un rigorisme ridicule et suranné. Ce credo peut paraître court, et cette foi trop tiède pour ne pas choquer des âmes éprises d'une spiritualité plus ardente. On se souviendra toutefois que la scène comique, au XVIIe siècle, n'en eût pas admis davantage sans une sacrilège inconvenance. Il fallait déjà bien de la hardiesse pour propulser si haut la farce qu'elle pût aborder de tels problèmes. Tant de nouveauté scandalisa. Le rire de la comédie, résonner au plus profond de la conscience humaine ? On n'avait encore jamais vu cela. Le genre, d'un bond, venait d'atteindre un de ses plus hauts sommets. Le mouvement qui s'amorçait dès *L'École des femmes* se prolongera dans *Dom Juan*, avant le repli sur soi du *Misanthrope*.

Il en résulte un comique très neuf, d'une qualité

particulière, où la farce s'infléchit progressivement vers le drame et s'harmonise avec lui dans un équilibre paradoxal. L'unité de ton chère à l'esthétique du classicisme n'est ici réalisée que par la richesse d'un amalgame dans lequel entrent les éléments et les matériaux les plus divers. De savants dégradés ou de brusques ruptures conduisent le spectateur du rire le plus gras à l'émotion la plus délicate, de la gaieté franche au sérieux, voire au sombre. Jamais encore la palette du poète comique n'a présenté de teintes aussi variées, jamais il n'a parcouru de gamme plus étendue avec une plus étourdissante sûreté de métier. La souveraine liberté de cet art si parfaitement maîtrisé, la franchise du trait, la puissante aisance de la peinture, qui rendent l'œuvre si fascinante, ont dérouté. Longtemps, sous couleur de respecter une tradition qui s'était abâtardie, on a sacrifié tout ce que la pièce comporte de profondeurs inquiétantes pour mettre l'accent sur les plaisanteries faciles et les jeux de scène éprouvés, de sorte qu'il n'en demeurait qu'une caricature assez grossière. Depuis le XIXe siècle, la tendance dominante s'est inversée. Stendhal déjà constatait que le public du Théâtre-Français ne riait guère à la représentation de *Tartuffe*. Que ne dirait-il pas de nos jours, où la mise en scène s'est alourdie, la tonalité générale de l'œuvre assombrie, le jeu des acteurs complaisamment haussé jusqu'au seuil du tragique ? Il faudrait, pour ne pas trahir l'œuvre, savoir maintenir son double registre. Entreprise difficile, qui suppose intelligence, tact et fine sensibilité. Peu d'interprètes, tant du rôle principal que des autres, disposent des moyens et de la culture nécessaires pour se montrer à la hauteur de cette performance.

Molière, dans ses premières œuvres en cinq actes, jusqu'à *L'École des femmes* inclusivement, avait exploité surtout le comique des situations et de l'intrigue. Il se hausse ici pour la première fois à la comédie de mœurs et de caractère. Jamais encore une famille bourgeoise n'avait été portraiturée d'une touche si large et si franche dans sa vérité vivante. Jamais l'hypocrisie n'avait été plus profondément percée à jour et démasquée. Brillant meneur de jeu, le premier Mascarille n'offrait qu'un masque derrière lequel ne se laissait deviner l'énigme d'aucun visage. Sganarelle à l'opposite montrait au naturel et comme à nu le faciès d'une humanité dérisoire. Mais en Tartuffe l'art de fourber, si consommé qu'il paraisse, ne parvient pas à dissimuler ce fond de faiblesse et d'appétits sensuels. De là vient cette complexité déconcertante du personnage, qui provoque le rire, mais en même temps inquiète, induisant le spectateur à se poser des questions sur le secret de cette âme qui se dérobe.

Sans doute la pièce ne débouche-t-elle pas sur l'interrogation métaphysique d'où *Dom Juan* tire son pouvoir d'envoûtement. Tout se passe ici dans l'atmosphère feutrée d'un intérieur envahi par un intrus qui le perturbe. Saisie dans sa réalité, la vie domestique est rendue avec cette vigueur dans le trait qui caractérise le classicisme. Les unités sont observées avec une magistrale aisance. L'action, fortement nouée, se circonscrit dans un espace clos et se concentre en quelques heures. On a pu trouver que le dénouement, bien précipité, quasi miraculeux de surcroît, sort de la vraisemblance ; que les scènes les plus scabreuses sacrifient quelque peu les bienséances à l'efficacité comique. Reste que *Le Tartuffe* représente, avant *Le Misanthrope*, le chef-d'œuvre de la comédie classique en vers. Et pourtant certains, comme Jean Rousset, ont découvert à juste titre dans la pièce bien des aspects qui la rattachent au baroque, à commencer par le thème de l'hypocrisie même, où l'être finit par se dissoudre dans l'apparence dont il se revêt jusqu'à se confondre avec elle. En outre, le rôle que joue constamment l'imposteur introduit en quelque sorte sur la scène du théâtre une représentation au second degré par un effet de mise en perspective propre à donner le vertige, et prolonge sous une autre forme cette réflexion sur les pouvoirs de l'acteur brillamment inaugurée avec *L'Impromptu de Versailles*. Avant que l'instabilité baroque ne trouve à s'exprimer dans *Dom Juan* (cette pièce qui manque de centre et de fixité parce qu'elle prend pour protagoniste un être perpétuellement de fuite ou de quête), Molière, dans *Le Tartuffe*, incite à méditer sur le déguisement et la métamorphose. La pièce doit ce qu'elle offre de plus original et de plus précieux à cette présence presque latente du baroque au cœur même du classicisme. On les a crus longtemps incompatibles l'un avec l'autre. Mais il arrive que, loin de se combattre et de s'exclure, ils coexistent et se renforcent. La comédie de Molière, à cet égard, s'harmonisait subtilement avec le cadre de Versailles, lorsqu'elle y fut, encore incomplète, représentée pour la première fois en 1664.

La richesse même de la pièce rend malaisé l'inventaire succinct de ses thèmes, qui, nombreux, s'imbriquent inextricablement les uns dans les autres. On ne peut, sur ce point, que renvoyer à l'ouvrage de Jacques Truchet sur *La Thématique de Molière*, précieux répertoire qui, pour l'ensemble de son œuvre, en recense plus de six cents. Bornons-nous à rappeler ici les principaux de ceux qu'on relève dans *Le Tartuffe*.

La comédie repose sur le vieux schéma de la dupe aveugle sur laquelle a jeté son dévolu le dupeur. On tente de combattre l'hypocrite avec ses propres armes, qu'on retourne contre lui. Mais la contre-ruse échouerait s'il ne finissait par se prendre à son propre piège. Source de rire, cette démystification du mystificateur constitue également un ressort dramatique d'une sûre efficacité. Le type du trompeur appartient au genre comique de toute antiquité. Pour peindre les mœurs de son temps, Molière l'actualise, prenant pour cible cette fausse dévotion, si répandue à l'époque où triomphe la Contre-Réforme instaurée par le concile de Trente, et si dangereuse pour la famille et pour la société. Entre cette simulation de la piété vraie et l'athéisme fanfaron d'un Dom Juan, il existe une voie moyenne pour la religion sincère, mais dépourvue d'ostentation, que préconise Cléante.

Marionnette docile pour celui qu'il s'est donné comme directeur, Orgon n'en prétend pas moins exercer sur son entourage une autorité tyrannique. Le conflit des générations se manifeste doublement : attachée aux mœurs plus simples d'autrefois, la belle-mère s'oppose à sa bru, lui reprochant son goût pour la vie mondaine, avec une aigreur qui l'apparente à Sganarelle dans *L'École des maris*, en même temps qu'elle annonce, à certains égards, la misanthropie d'Alceste ; le père, de son côté, contrecarre le bonheur de ses enfants par son entêtement à vouloir un mariage incongru. Le « principe de plaisir », pour employer le vocabulaire de la psychocritique, finit, de justesse, par l'emporter, non sans qu'on ait un moment frôlé le drame.

L'amour tient ici la place qui lui revient traditionnellement dans la comédie. Si la tendresse qui lie les deux époux ne semble pas bien vive, une concupiscence assez grossièrement sensuelle, mais qui trouve pour s'exprimer, dans le langage de la spiritualité mystique, des accents d'une ferveur passionnée et d'une séduction quasi satanique, interfère avec les froids calculs de l'hypocrite, qui, jouant avec le feu, laissant presque tomber le masque, se met dans des situations embarrassantes. Chez le couple de jeunes amoureux, une sensibilité douloureusement à vif devant le danger qui les menace, une susceptibilité trop ombrageuse nous valent une variation sur le thème du dépit amoureux, déjà traité dans la comédie de ce titre et repris plus tard, avec moins de délicat pathétique mais plus de brio, dans *Le Bourgeois gentilhomme*.

Le dénouement ajoute à la dimension religieuse un élément politico-policier, sur lequel insistent avec une complaisance parfois excessive les mises en scène d'aujourd'hui. Aux troubles de la Fronde, fugitivement rappelés au début, s'oppose tout à la fin l'éloge de Louis XIV, peint dans la majesté solaire de son pouvoir absolu. Avec la cassette d'Argas se glisse peut-être une allusion discrète aux répercussions de l'affaire Foucquet. Cet épisode, qui peut paraître à nos yeux relever du roman, devait au contraire ancrer davantage la pièce dans ce qui constituait pour les spectateurs du XVIIe siècle la réalité du temps.

Et, selon son habitude, Molière s'amuse à crayonner comme dans les marges des ébauches qu'il reprendra pour les développer dans d'autres pièces : Orante, la prude, si prestement caricaturée par Dorine, rappelle moins Climène dans *La Critique de l'École des femmes* et *L'Impromptu de Versailles* qu'elle ne représente une esquisse préparatoire pour le personnage d'Arsinoé dans *Le Misanthrope*. De même, le tableau qu'elle s'amuse à brosser de la vie provinciale annonce, de loin, *Monsieur de Pourceaugnac*, sinon *La Comtesse d'Escarbagnas*.

La construction de l'intrigue est habilement équilibrée. Deux actes préparent l'apparition du fourbe, afin que nul ne se méprenne sur sa prétendue dévotion. Deux autres, symétriquement, le montrent démasqué, puis puni. Dans l'intervalle, on l'aura vu touchant au but et triomphant. La tension, jusqu'à la fin, ne cesse de croître. À chaque alerte nouvelle, l'hypocrite sait retourner la situation à son avantage, de sorte que le suspens s'intensifie pour atteindre son paroxysme juste avant le dénouement providentiel.

Nous ne connaissons, de *Tartuffe*, que la version définitive, représentée en 1669. *L'Imposteur* de 1667 nous échappe. Nous ne disposons pour en juger que d'une *Lettre*, publiée sous l'anonymat quelques semaines après l'unique représentation. Ce document précieux en donne une analyse assez détaillée pour qu'on ait pu croire que son auteur avait disposé d'une copie de la pièce, et que Molière, s'il n'avait tenu lui-même la plume, avait guidé le rédacteur de ses conseils. Rien cependant n'autorise une telle hypothèse. L'opuscule, certes, résume et défend la comédie avec intelligence et sympathie, mais il émane visiblement d'un spectateur qui rapporte les opinions de tout un groupe, recueillant les échos d'un débat contradictoire sur les mérites ou les défauts de l'œuvre plus que jamais alors interdite, et discutée par là même avec d'autant plus de curiosité comme de passion. Quant au texte primitif, dont *L'Imposteur* n'offrait qu'un aménagement édulcoré, tout ce qu'on peut en dire ne relève que de la conjecture. Certains pensent, avec Michelet, que les trois actes joués à Versailles le 12 mai 1664 formaient une pièce complète, « et plus forte ainsi », se plaît à supposer l'historien. La critique s'est souvent interrogée sur ce que devait contenir cet *Urtartuffe*, s'efforçant de remonter jusqu'à lui, par une analyse rétrograde, à partir de l'ouvrage tel qu'il nous est parvenu dans son état dernier. John Cairncross, notamment, considère les actes I, III et IV comme les seuls appartenant au projet le plus ancien. Cependant tout essai de reconstitution se heurte au témoignage formel, réitéré, difficilement récusable de La Grange, selon qui furent donnés, en 1664, les « trois premiers actes » de la pièce. Faut-il imaginer, avec Gustave Michaut, qu'ils y furent présentés comme composant un tout, qui s'achevait sur le triomphe intégral de l'hypocrite ? Si ce dénouement ne satisfaisait guère la morale, il permettait de terminer dans un éclat de rire un spectacle jugé par ceux qui le virent très divertissant. Fut-il, au contraire, annoncé dès ce soir-là que la comédie, encore inachevée, recevrait un prolongement ? Il semble en tout cas que ce qui fut représenté pour lors ne devait pas différer très fondamentalement, quant à l'agencement de l'intrigue, à la hardiesse de la satire, au détail même du dialogue, des parties correspondantes dans l'œuvre telle que nous la possédons, qui constitue du reste, plutôt qu'un nouvel avatar, un retour à la conception première, après le travestissement temporaire de Tartuffe en Panulphe.

L'histoire de la pièce paraît en somme beaucoup plus simple qu'on ne l'a souvent prétendu. Les trois premiers actes se trouvent prêts dès le printemps de 1664. Les deux derniers sont composés dans le courant de la même année, et remaniés peut-être encore en 1665. Deux ans plus tard, la représentation publique est tentée, avec les adoucissements requis, croit-on, afin d'ôter à la cabale dévote le moindre prétexte pour se gendarmer. Puis, l'autorisation enfin obtenue, on s'empressera de rejeter ce maquillage et de rendre à la comédie son vrai visage. Mais il ne semble pas qu'elle ait subi, dans tout le cours de sa genèse, plus de bouleversements en somme que *Le Misanthrope* ou *Les Femmes savantes*, dont l'élaboration s'est étendue également sur plusieurs années. La seule différence tient à ce que cinq ans de luttes se sont écoulés entre sa première apparition sur la scène, sous une forme encore incomplète, et le moment où Molière put librement la jouer. Rien ne porte à croire que, hormis le changement tout extérieur de nom et de costume, Panulphe ait offert de plus notables différences avec le Tartuffe de 1664 qu'avec celui de 1669. Or la *Lettre* sur *L'Imposteur* atteste seulement d'infimes écarts, très superficiels et presque insignifiants, entre l'étape intermédiaire et le texte définitif. Encore plusieurs de ces divergences peuvent-elles s'expliquer par les défaillances de la mémoire chez un rédacteur qui s'appuie uniquement sur son souvenir d'une représentation sans lendemain.

Qu'on en juge. Dans la première scène, en 1667, la tirade où Dorine évoque Orante avant de dauber sur les prudes se partageait, semble-t-il, entre elle et Cléante. L'exposition se poursuivait après le départ de la vieille dame par une délibération qui portait notamment sur le mariage différé de Mariane et de Valère. Elle se situait vers le début de la scène 2. Il n'en subsiste plus qu'un vestige, transporté dans la scène suivante. Paraît avoir disparu du même coup tout un développement contre les dévots qui, non contents de critiquer et de mordre, s'ingèrent sous des prétextes dans le secret des familles : la version édulcorée, sur ce point, allait plus loin sans doute dans l'audace que le texte qui fut autorisé deux ans plus tard. De même, tout à la fin de l'acte II, sera supprimé le conseil de guerre qui se tenait dans *L'Imposteur* aussitôt après la sortie du jeune couple entre Dorine, restée en scène, Elmire, Cléante et Damis, qui l'y rejoignent. Au terme de ce conciliabule, il était décidé que la belle-mère de Mariane irait trouver Panulphe pour le dissuader de consentir au mariage projeté par Orgon : la coupure ne représente qu'un allégement et non une modification de l'intrigue. Dans la seconde entrevue de la jeune femme et de l'hypocrite, Molière semble avoir sacrifié de lui-même, à moins qu'on eût exigé de lui cette suppression, « une longue déduction des adresses des directeurs modernes », placée juste avant le passage sur la direction d'intention. Il estima probablement, ou l'on jugea pour lui, que le couplet rappelait trop les *Provinciales* et risquait de ranimer les vieilles querelles, au moment où la paix de l'Église ramenait, provisoirement, la paix dans les esprits. Hormis ce retranchement, la seule innovation de 1669 dans cet épisode ne concerne qu'un jeu de scène : pour avertir son mari caché sous la table, Elmire désormais tousse au lieu de multiplier, comme précédemment, les appels du pied. Confondu, Panulphe osait encore appeler Orgon son frère en 1667. Deux ans plus tard, ce détail ne se retrouve pas. Mais on mesure combien les retouches restent peu nombreuses et minimes. Au dénouement, il semble qu'on en apprenait un peu davantage sur le contenu de la cassette laissée en dépôt par Argas, et qu'elle renfermait le secret d'un complot, de sorte que son détenteur se trouvait impliqué dans un crime de haute trahison. De ces papiers, expliquait-il, dépendaient « la vie, l'honneur et la fortune de ses meilleurs amis et peut-être la sienne propre ». Il se peut que, dans *L'Imposteur*, Mme Pernelle se soit obstinée plus longtemps à nier l'évidence, qu'aux proverbes, apophtegmes, dictons, elle ait ajouté « des exemples de sa jeunesse, et des citations de gens » qu'elle avait connus : l'abrègement ultérieur se justifie par le souci de ne pas ralentir à l'excès l'action qui touche à son terme. Enfin Valère, en 1667, avait appris, semble-t-il, de l'exempt lui-même chargé d'exécuter l'ordre du roi, l'arrestation imminente d'Orgon. La correction supprime la faute grave que constituait l'indiscrétion de cet officier, outre qu'on voit mal pourquoi, puisqu'il avait reçu mission d'incarcérer Panulphe, il aurait estimé bon de donner l'alarme au jeune ami d'Orgon. Ces aménagements de détail ne constituent que l'ultime toilette d'une comédie parfaitement achevée dès 1667. Seuls deux ou trois passages censurables ou censurés ont été retranchés par précaution. L'efficacité dramatique de l'œuvre n'a pu que gagner à ces allégements.

On a cherché de quels modèles Molière avait pu s'inspirer. Diverses clefs ont été proposées. On en découvre encore de nouvelles. Parmi les noms qu'on a cités, figure en première ligne l'abbé de Roquette, qui devait occuper par la suite le siège épiscopal d'Autun. « C'est sur lui que Molière prit son Tartuffe, dira Saint-Simon, et personne ne s'y méprit. » Mme de Sévigné ne paraît pas en avoir douté, qui trouve souvent sous sa plume, quand elle parle de lui, le mot sur « Le pauvre homme ! » Il est encore désigné comme l'original à partir duquel aurait été peint l'hypocrite de la comédie, par l'abbé Deslions dans ses *Journaux*, par Choisy dans ses *Mémoires* : selon ce dernier, Molière, à l'époque où Conty protégeait sa troupe, aurait reçu de Guilleragues toute une documentation sur l'abbé de Roquette, que le prince comptait parmi ses familiers. On mentionne encore le chirurgien-barbier Crétenet, un illuminé dont l'auteur de *Tartuffe* a pu, quand il séjournait à Lyon, entendre parler, mais qui ne présente avec son imposteur que des analogies très vagues. On a signalé des ressemblances plus troublantes avec le Mâconnais Charpy de Sainte-Croix, dont Tallemant des Réaux a conté l'historiette. Pendu comme faussaire en effigie, il avait charmé Mme d'Ansse, une dévote qui le logea chez elle avec sa fille, Mme Patrocle, et son gendre, tous deux au service de la reine Anne d'Autriche : « Charpy se met si bien dans l'esprit du mari et s'impatronise tellement de lui et de sa femme qu'il en a chassé tout le monde et elle ne va en aucun lieu qu'il n'y soit, ou bien le mari. » La mère, « qui a enfin ouvert les yeux, en a averti son gendre ; il a répondu que c'étaient des railleries, et prend Charpy pour le meilleur de ses amis ». Lorsque le ménage quitte le domicile de la vieille dame, qui ne veut plus l'héberger, mais semble avoir gardé son protégé chez elle, la « petite Patrocle » et son époux viennent s'installer, en 1658, rue Saint-Thomas-du-Louvre, où Molière viendra lui-même habiter, précisément en mai 1664. On peut se demander si le couple ne se reconnaîtrait pas sous les traits de « Daphné, notre voisine, et son petit époux », que n'épargnent pas les railleries de Dorine. Ailleurs, le médisant anecdotier des *Historiettes* indique un abbé de Pons, « qui faisait l'homme de qualité et n'était que fils d'un chapelier de province », comme « l'original de Tartuffe », pour avoir déclaré sa flamme à Ninon de Lenclos et s'être retranché sur l'exemple de saint Paul ou du bienheureux François de Sales afin de justifier cette faiblesse. Tallemant conte encore qu'un capucin, étonné d'apprendre à quel degré de puissance était parvenu le Père Joseph — l'Éminence grise —, ne savait que s'exclamer, à chaque marque nouvelle qu'on lui donnait de sa faveur : « Le pauvre homme ! » On mesure par le nombre et la diversité de ces emprunts possibles ce que l'œuvre doit à l'observation du monde réel. Molière amalgame ces apports de provenance multiple, et d'autres sans doute qui ne sont pas venus à notre connaissance, les fond dans une puissante synthèse, de manière à dégager des individus le type, à son époque très répandu, dont ils représentent différentes épreuves.

Il ne procède pas autrement pour ses sources livresques. Il puise à toutes mains, mais réorganise et recrée ce qu'il dérobe, imprimant partout la marque de sa personnalité puissante, avec une singulière sûreté de métier. Une *commedia sostenuta* de l'Arétin, *Lo Ipocrito*, lui fournissait son personnage et l'idée générale de sa pièce : l'exploitation d'un vieillard crédule par un faux dévot qui s'est implanté dans sa maison. La filiation se laisse discerner jusque dans le détail. Mais il ne devait pas moins à l'Espagne qu'à l'Italie, grâce à la nouvelle tragi-comique des *Hypocrites*, tirée par Scarron d'un roman picaresque, *La Fille de Célestine*, qu'avait en 1612 publié Salas Barbadillo. De là dérive l'édifiante confession de l'imposteur, qui sert de pivot central à l'intrigue.

Molière s'inspire également des satiriques français. Il se souvient de Régnier, et de sa Macette. Mais il a médité plus encore Du Lorens et son portrait du « Cafard importun [...], / Plus libertin au fond qu'un moine de Thélème ». Il connaît aussi, probablement, Garaby de La Luzerne et ses *Pharisiens du temps ou le dévot hypocrite*, bien que cette satire, non jointe à celles qu'avait précisément publiées son auteur, ne dût être imprimée pour la première fois, semble-t-il, qu'à la fin du XIXe siècle. Naturellement, il n'oublie pas, au passage, de saluer Pascal et de rendre à ses *Provinciales* un hommage qui s'imposait. La comédie doit pour une part aux matériaux plus ou moins disparates jetés dans son creuset cette richesse qui la rend si complexe et d'interprétation parfois si délicate. Elle vivifie tout ce qu'elle emprunte, dont elle se nourrit et qu'elle draine pour en tirer sa propre substance.

Louis Jouvet et Monique Mélinand
théâtre de l'Athénée, 1950.

Il nous faut ici revenir à la *Lettre* sur *L'Imposteur*, pour y chercher, non plus des renseignements sur les variations subies par le texte de la pièce en 1667, mais l'écho des jugements portés sur elle à cette date par quelques-uns de ses premiers spectateurs. Le rédacteur anonyme de l'opuscule, volontiers sentencieux et quelque peu pédant, témoigne qu'il a pratiqué la *Poétique* d'Aristote. Il manifeste une forte antipathie contre le clan dévot. Admirateur inconditionnel de Molière, il ne lui ménage pas les éloges. Il apprécie la présentation des personnages par Mme Pernelle :

« Elle réussit si bien dans tous ces caractères si différents, que le spectateur, ôtant de chacun d'eux ce qu'elle y met du sien, c'est-à-dire l'austérité ridicule du temps passé, avec laquelle elle juge de l'esprit et de la conduite d'aujourd'hui, connaît tous ces gens-là mieux qu'elle-même, et reçoit une volupté très sensible d'être informé, dès l'abord, de la nature des personnages par une voie si fidèle et si agréable. » Les exclamations d'Orgon, chaque fois qu'il s'apitoie sur « le pauvre homme », lui semblent « la manière la plus heureuse et la plus naturelle de produire un caractère aussi outré que celui de ce bon seigneur, qui paraît de cette sorte d'abord dans le plus haut degré de son entêtement : ce qui est nécessaire afin que le changement qui se fera dans lui quand il sera désabusé (qui est proprement le sujet de la pièce) paraisse d'autant plus merveilleux au spectateur ». L'analyse est semée de louanges hyperboliques où s'exprime un enthousiasme toujours croissant : il est « admirablement dans la nature » qu'Orgon « se soit mis dans l'esprit que sa fille trouve Panulphe aimable pour mari, à cause que lui l'aime pour ami [...] ». Plus loin : « Objection admirable, dans la nature des bigots [...]. Trait inimitable [...]. La dame répond divinement "qu'on est facilement trompé par ce qu'on aime" : principe qu'elle prouve admirablement [...]. » Par instants, on croirait entendre Philaminte, Armande et Bélise se récrier devant le sonnet de Trissotin...

Mais la *Lettre* contient aussi l'écho des critiques portées contre la pièce par des spectateurs de goût difficile, auxquels on ferme aisément la bouche : ce que dit Cléante pour dissocier la dévotion vraie de sa frauduleuse imitation « semble affecté, non nécessaire et hors de propos à quelques-uns ; mais d'autres disent que, quoique ces deux hommes aient à parler ensemble d'autre chose de conséquence », « la constitution de cette pièce est si heureuse que l'hypocrite étant cause directement ou indirectement de tout ce qui s'y passe, on ne saurait parler de lui qu'à propos ».

On a critiqué de même, comme un épisode qui ne s'imposait guère, le dépit amoureux qui brouille un instant Mariane et Valère. Cependant « tout le monde demeure d'accord que ce dépit a cela de particulier et d'original par-dessus ceux qui ont paru jusqu'à présent sur le théâtre qu'il naît et finit dans une même scène, et tout cela aussi vraisemblablement que faisaient tous ceux qu'on avait vus auparavant, où ces colères amoureuses naissent de quelque tromperie faite par un tiers ou par le hasard et la plupart du temps derrière le théâtre ; au lieu qu'elles naissent divinement à la vue des spectateurs, de la délicatesse et de la force de la passion même [...] ». Le principal grief tombe sur l'usage parodique de la langue religieuse, au troisième acte, dans la déclaration de l'imposteur : « Bien des gens prétendent que l'usage de ces termes de dévotion que l'hypocrite emploie dans cette occasion est une profanation blâmable que le poète en fait. » Le reproche paraît à l'anonyme trop grave pour ne pas mériter une longue réponse en faveur de Molière : « D'autres disent qu'on ne peut l'en accuser sans injustice, parce que ce n'est pas lui qui parle, mais l'acteur qu'il introduit. » Il ne faut pas le confondre avec ses personnages, dont les impertinences ne lui doivent pas être imputées. Reste à démontrer que les passages incriminés n'offrent rien de choquant. Pour corriger les mœurs, la comédie se donne pour objet de peindre les vices, afin de les ridiculiser. Dès lors qu'elle donne les défauts comme tels et ne les présente pas sous un jour séduisant, elle demeure inattaquable. « Or c'est ce qui se trouve merveilleusement dans notre hypocrite en cet endroit ; car l'usage qu'il y fait des termes de piété est si horrible de soi, que quand le poète aurait apporté autant d'art à diminuer cette horreur naturelle qu'il en a apporté à la faire paraître dans toute sa force, il n'aurait pu empêcher que cela ne parût toujours fort odieux. » Ce langage de la mysticité, poursuivent les défenseurs de l'œuvre litigieuse, « ne peut être regardé que de deux manières très innocentes et de nulle conséquence dangereuse : l'une comme un voile vénérable et révéré que l'hypocrite met au-devant de la chose qu'il dit, pour l'insinuer sans horreur, sous des termes qui énervent la toute première impression que cette chose pourrait faire, dans l'esprit, de sa turpitude naturelle ; l'autre est en considérant cet usage comme l'effet de l'habitude que les dévots ont prise de se servir de la dévotion, et de l'employer partout à leur avantage, afin de paraître agir toujours par elle [...] ». L'argumentation de « ces Messieurs » les conduit à dénoncer pour conclure « l'injustice de la grande objection qu'on a toujours faite contre cette pièce, qui est que, décriant les apparences de la vertu, on rend suspects ceux qui, outre cela, en ont le fond, aussi bien que ceux qui ne l'ont pas : comme si ces apparences étaient les mêmes dans les uns que dans les autres, que les véritables dévots fussent capables des affectations que cette pièce reprend dans les hypocrites, et que la vertu n'eût pas un dehors reconnaissable de même que le vice ». En revanche le dénouement, si critiqué depuis, rallie alors tous les suffrages. Thuriféraires et détracteurs de Molière se rejoignent pour communier dans le culte obligé de la personne royale : « Il me semble que si, dans tout le reste de la pièce, l'auteur a égalé tous les anciens et surpassé tous les modernes, on peut dire que dans ce dénouement il s'est surpassé lui-même, n'y ayant rien de plus grand, de plus magnifique et de plus merveilleux, et cependant rien de plus naturel, de plus heureux et de plus juste, puisqu'on peut dire que, s'il était permis d'oser faire le caractère de notre grand monarque, ce serait sans doute dans cette plénitude de lumière, cette prodigieuse pénétration d'esprit, ce discernement merveilleux de toutes choses qu'on le ferait consister : tant il est vrai, s'écrient ici ces Messieurs dont j'ai pris à tâche de vous rapporter les sentiments, tant il est vrai, disent-ils, que le Prince est digne du poète, comme le poète est digne du Prince. » L'analyse élogieuse, comme la comédie elle-même, culmine en apothéose. La *Lettre* sur *L'Imposteur*, qui contient, on le voit, de quoi composer une défense de *Tartuffe*, apparaît comme un témoignage irremplaçable sur l'accueil reçu par la comédie dans une fraction importante de son plus ancien public. Elle ouvre la longue histoire d'une réception critique dont Herman Prins Salomon a retracé les étapes essentielles dans son très utile ouvrage sur *Tartuffe devant l'opinion française* : qu'il nous suffise ici d'y renvoyer.

Bornons-nous pour notre part à rappeler combien, non contents d'admirer le chef-d'œuvre de Molière, ont rêvé de le récrire à leur façon. On se souvient de La Bruyère, et de son Onuphre. On connaît moins ce qu'avait imaginé Boileau, selon ce qu'il confie à Brossette en 1702, afin de rendre le dénouement de la comédie « heureux et naturel ». Il faudrait, une fois l'imposteur démasqué, « faire délibérer sur le théâtre, par tous les personnages de la comédie, quelle peine on ferait souffrir à ce coquin » : « Orgon lui-même devait le premier, comme le plus intéressé à l'injure, pousser sa vengeance au plus haut point et être prêt à se porter aux extrémités les plus violentes. L'étourdi Damis aurait fait des merveilles. La suivante aurait dit de fort plaisantes choses. Enfin, après tous ces discours, le frère d'Orgon, l'honnête homme de la pièce, aurait sagement proposé de se contenter de mépriser une conduite aussi basse et aussi ingrate que celle de Tartuffe. Qu'il fallait seulement le chasser honteusement ; on y aurait pu même ajouter une scène de coups de bâton donnés méthodiquement. Enfin Mme Pernelle serait venue, elle aurait fait le diable à quatre pour soutenir l'honneur et la vertu de son cher Tartuffe : la scène aurait été belle, on aurait pu lui faire dire bien des choses sur lesquelles le parterre aurait éclaté de rire ; elle aurait querellé le parterre, et se serait retirée en grondant. Ce qui aurait fini agréablement la comédie. Au lieu que, de la manière qu'elle est disposée, elle laisse le spectateur dans le tragique. »

L'auteur des *Satires* prétendait avoir donné l'envie à Molière de corriger son dernier acte, et de modifier l'éloge du roi par l'Exempt, mais Louis XIV préféra le premier état du texte, qui fut rétabli. Boileau tenait à son idée d'un autre dénouement. Il envisageait d'en confier la réalisation à Jean-Baptiste Rousseau, sans doute parce que, dans sa comédie du *Flatteur*, en 1694, il avait amalgamé des emprunts au *Misanthrope* (il n'avait pas nommé sans raison Philinte son protagoniste) et d'autres à l'intrigue de *Tartuffe*. Il pensait « qu'avec ce changement, *Le Tartuffe* serait parfait, parce que les quatre premiers actes sont admirables ».

Au XVIIIe siècle, comme l'ont précédemment montré O. Fellow et J. Batlay, si le neveu de Rameau, dans l'ouvrage de Diderot, interprète déjà la pièce de Molière en un sens très personnel, le Père Hudson, dans *Jacques le Fataliste*, réalise la perfection de l'hypocrisie telle que la conçoit le philosophe, dont le personnage appartient ainsi directement à la descendance littéraire de Tartuffe.

Au XIXe siècle, Stendhal, constatant que le public de son époque ne rit guère aux représentations de la comédie sur la scène du Théâtre-Français, suggère d'y remédier par l'introduction d'un nouveau personnage, qu'il invente en romancier-né plus qu'en dramaturge : « Placer par exemple un vieil évêque pieux, oncle d'Elmire, âgé de soixante-dix ans et retiré à Paris, comme l'ancien évêque d'Alais, Mgr de Bausset, où il jouit de beaucoup de considération dans la clique dévote. C'est en sa présence que l'attaque de Cléante qui commence le IVe acte aurait été sensée. Il importe à Tartuffe que ce saint homme ne soit pas contre lui. Il le ménage extrêmement. C'est dans le désir de se le concilier qu'on pourrait trouver le moyen de nous montrer une ou deux fois Tartuffe désappointé. L'évêque dirait à Orgon devant Tartuffe : Ces maximes sont infâmes, en parlant des maximes prêchées par Tartuffe un instant auparavant. Celui-ci trouverait moyen de se retourner. À la fin, l'évêque, qui a assez d'esprit, serait convaincu de la scélératesse de Tartuffe, mais pour ne pas nuire dans le public à la cause de la religion ne voudrait rien faire contre lui. Voilà une source de mouvement. »

Ces réflexions de 1812 ne seront pas perdues pour le romancier du *Rouge et le Noir*. Balzac aussi tentera sans l'achever, dans ses *Petits Bourgeois*, la transposition de la comédie en roman, son adaptation aux mœurs nouvelles, et le travestissement du faux dévot en avocat. Sainte-Beuve, de son côté, songe, dans *Port-Royal*, à ce que pourrait donner, de la pièce, un équivalent romanesque, dont il se borne à crayonner l'esquisse : « Tartuffe, chez Molière, est un peu pressé : il va un peu vite auprès d'Elmire, ainsi qu'il est nécessaire au théâtre, où les heures et les instants sont comptés. S'il avait un peu plus le temps de s'étendre, de filer sa passion comme cela se ferait dans un livre et comme La Bruyère certainement l'aurait su ménager, on le verrait pratiquer plus à la lettre les principes de la *Dévotion aisée*. Avant d'en venir à manier le fichu, il aurait commencé de longue main par excuser la parure chez les femmes encore jeunes. » Il aurait, suppose l'auteur de *Volupté*, paraphrasé la prose fleurie du Père Le Moyne « pour la fille, et l'aurait redit avec bien plus de flatterie à la jeune bellemère ». Il n'aurait pas manqué, poursuit le critique, « avant de se risquer aux actes, de discourir à bien des reprises sur le bon et le mauvais amour ». « C'est, conclut-il, par ce *bout des ailes*, par un pied légèrement heurté à la dérobée, par une main touchée, puis retenue comme par oubli, que l'hypocrite aurait cherché petit à petit à insinuer son feu. Mais ici, encore un coup, le temps presse ; il a fallu aller au fait, et tout ramasser dès la première scène. » On ne saurait mieux marquer ce qui distingue du classicisme la sensibilité romantique, ni plus finement indiquer la continuité secrète qui les apparente l'un à l'autre. Peu d'œuvres offriraient la même plasticité, parce que peu se révèlent aussi riches de virtualités inépuisables et présentent assez de solidité pour supporter de se laisser ainsi, sans se dénaturer, infléchir dans tous les sens.

En témoigne encore, plus près de notre temps, la diversité des mises en scène, dont la plus marquante reste celle, en 1962, de Roger Planchon, qui devait approfondir en 1973 son interprétation de la pièce et l'infléchir davantage vers le baroque. Discutable à certains égards, elle n'en offrait pas moins un puissant intérêt et reste, pour le T.N.P. de Villeurbanne, un de ses titres de gloire. Mais elle ne doit pas laisser oublier pour autant celle qu'on doit à Louis Jouvet qui, en 1950, à l'Athénée, avait placé la pièce sous l'éclairage austère du jansénisme ; ni celle, au Français, de Fernand Ledoux, qui s'était imposé dès 1939 dans l'emploi d'hypocrite lorsqu'il avait créé le rôle de Blaise Couture, le tartuffe mauriacien d'*Asmodée* et qui trouvait, en 1951, avec l'imposteur moliéresque, le type de personnage que son physique, patelin à souhait, lui permettait le mieux d'incarner ; ni celles de Jean Anouilh qui, dans un décor et des costumes 1900, avec François Périer pour tête d'affiche, se plaisait à mettre en lumière la dette de son propre théâtre envers celui de son lointain devancier. Viendront ensuite Jacques Charon, à la Comédie-Française, Orgon à qui Robert Hirsch en faux dévot donnait, en 1968, brillamment la réplique ; Antoine Vitez, qui, pour le festival d'Avignon, dix ans plus tard, monte une tétralogie comprenant *L'Ecole des femmes*, *Le Tartuffe*, *Dom Juan*, *Le Misanthrope* et représentée par une même troupe d'acteurs ; Jean-Paul Roussillon, qui, pour le tricentenaire du Théâtre-Français, en 1980, pousse Molière au noir ; enfin Jacques Lassalle, avec, en 1985, au Théâtre National de Strasbourg, Gérard Depardieu, Tartuffe inattendu, mais qui sut rendre avec force les aspects inquiétants d'une personnalité fascinante par ses ambiguïtés et qui demeure, énigmatique, comme enveloppée encore de mystères dont le secret reste à percer.

Jean-Pierre COLLINET

Le Tartuffe

PRÉFACE DE MOLIÈRE

Voici une comédie dont on a fait beaucoup de bruit, qui a été longtemps persécutée ; et les gens qu'elle joue [1] ont bien fait voir qu'ils étaient plus puissants en France que tous ceux que j'ai joués jusques ici. Les marquis, les précieuses, les cocus et les médecins ont souffert [2] doucement qu'on les ait représentés, et ils ont fait semblant de se divertir, avec tout le monde, des peintures que l'on a faites d'eux ; mais les hypocrites n'ont point entendu raillerie : ils se sont effarouchés d'abord [3], et ont trouvé étrange [4] que j'eusse la hardiesse de jouer leurs grimaces et de vouloir décrier un métier dont tant d'honnêtes gens se mêlent. C'est un crime qu'ils ne sauraient me pardonner ; et ils se sont tous armés contre ma comédie avec une fureur épouvantable. Ils n'ont eu garde [5] de l'attaquer par le côté qui les a blessés : ils sont trop politiques [6] pour cela, et savent trop bien vivre [7] pour découvrir le fond de leur âme. Suivant leur louable coutume, ils ont couvert leurs intérêts de la cause de Dieu [8] ; et *Le Tartuffe*, dans leur bouche, est une pièce qui offense la piété. Elle est, d'un bout à l'autre,

---

1. Ridiculise sur scène. **2.** Supporté, toléré. **3.** Dès l'abord. **4.** Extraordinaire et scandaleux ; « grimaces » : simagrées. **5.** Ils se sont bien gardés. **6.** Politique : « fin, adroit, qui a pour but de se maintenir heureux en se gouvernant d'une manière adroite, fine et prudente » (Richelet). **7.** Ont trop de savoir-vivre. **8.** N'agissant que pour des motifs d'intérêt personnel, ils se sont posés en défenseurs de la religion.

pleine d'abominations, et l'on n'y trouve rien qui ne mérite le feu [1]. Toutes les syllabes en sont impies ; les gestes même y sont criminels ; et le moindre coup d'œil, le moindre branlement de tête, le moindre pas à droite ou à gauche, y cache des mystères [2] qu'ils trouvent moyen d'expliquer à mon désavantage. J'ai eu beau la soumettre aux lumières de mes amis, et à la censure de tout le monde, les corrections que j'ai pu faire, le jugement du roi et de la reine, qui l'ont vue, l'approbation des grands princes et de messieurs les ministres, qui l'ont honorée publiquement de leur présence, le témoignage des gens de bien, qui l'ont trouvée profitable, tout cela n'a de rien servi [3]. Ils n'en veulent point démordre ; et, tous les jours encore, ils font crier en public des zélés indiscrets [4], qui me disent des injures pieusement et me damnent par charité.

Je me soucierais fort peu de tout ce qu'ils peuvent dire, n'était l'artifice qu'ils ont de me faire des ennemis que je respecte, et de jeter dans leur parti de véritables gens de bien, dont ils préviennent [5] la bonne foi, et qui, par la chaleur qu'ils ont pour les intérêts du Ciel, sont faciles à recevoir les impressions qu'on veut leur donner [6]. Voilà ce qui m'oblige à me défendre. C'est aux vrais dévots que je veux partout me justifier sur la conduite de ma comédie [7] ; et je les conjure de tout mon cœur de ne point condamner les choses avant que de [8] les voir, de se défaire de toute prévention et de ne point servir la passion de ceux dont les grimaces les déshonorent.

Si l'on prend la peine d'examiner de bonne foi ma comédie, on verra sans doute que mes intentions y sont partout innocentes, et qu'elle ne tend nullement

---

1. Une condamnation de leur auteur à mourir brûlé vif sur le bûcher. **2.** Significations secrètes. **3.** Servi à rien. **4.** Ils suscitent des prédicateurs qui poussent le zèle jusqu'au fanatisme. **5.** « Prévenir : gagner l'esprit de quelqu'un » (Richelet). **6.** Facilement influençables. **7.** La voie que j'ai choisie pour l'agencement de ma pièce. **8.** Avant de.

à jouer les choses que l'on doit révérer ; que je l'ai traitée avec toutes les précautions que me demandait la délicatesse de la matière[1] et que j'ai mis tout l'art et tous les soins qu'il m'a été possible pour bien distinguer[2] le personnage de l'hypocrite d'avec celui du vrai dévot. J'ai employé pour cela deux actes entiers à préparer la venue de mon scélérat. Il ne tient pas un seul moment l'auditeur en balance ; on le connaît d'abord aux marques que je lui donne ; et d'un bout à l'autre il ne dit pas un mot, il ne fait pas une action, qui ne peigne aux spectateurs le caractère d'un méchant homme, et ne fasse éclater celui du véritable homme de bien que je lui oppose.

Je sais bien que pour répondre ces messieurs tâchent d'insinuer que ce n'est point au théâtre à parler de ces matières ; mais je leur demande, avec leur permission, sur quoi ils fondent cette belle maxime. C'est une proposition qu'ils ne font que supposer et qu'ils ne prouvent en aucune façon ; et sans doute il ne serait pas difficile de leur faire voir que la comédie[3], chez les Anciens, a pris son origine de la religion, et faisait partie de leurs mystères[4] ; que les Espagnols, nos voisins, ne célèbrent guère de fête où la comédie ne soit mêlée, et que, même parmi nous, elle doit sa naissance aux soins d'une confrérie[5] à qui appartient encore aujourd'hui l'Hôtel de Bourgogne, que c'est un lieu qui fut donné pour y représenter les plus importants mystères[6] de notre foi ; qu'on en voit encore des comédies imprimées en lettres gothiques, sous le nom

---

1. Ce qu'il pouvait y avoir de scabreux dans la donnée de ma pièce. 2. Différencier. 3. Le théâtre en général, tous genres confondus. 4. Allusion à l'origine liturgique de la tragédie, liée au culte de Dionysos. 5. Les Confrères de la Passion. 6. Troisième apparition du mot, pris cette fois dans son sens théologique et désignant ce qui, dans le dogme, paraît inexplicable à la raison, mais afin d'introduire une référence aux mystères du théâtre médiéval.

d'un docteur de Sorbonne[1] ; et, sans aller chercher si loin, que l'on a joué de notre temps des pièces saintes de M. de Corneille[2], qui ont été l'admiration de toute la France.

Si l'emploi de la comédie est de corriger les vices des hommes, je ne vois pas pour quelle raison il y en aurait de privilégiés. Celui-ci est, dans l'État, d'une conséquence bien plus dangereuse que tous les autres ; et nous avons vu que le théâtre a une grande vertu pour la correction. Les plus beaux traits d'une sérieuse morale sont moins puissants, le plus souvent, que ceux de la satire ; et rien ne reprend mieux la plupart des hommes que la peinture de leurs défauts. C'est une grande atteinte aux vices que de les exposer à la risée de tout le monde. On souffre aisément des répréhensions ; mais on ne souffre point la raillerie. On veut bien être méchant, mais on ne veut point être ridicule.

On me reproche d'avoir mis des termes de piété dans la bouche de mon Imposteur[3]. Et pouvais-je m'en empêcher, pour bien représenter le caractère d'un hypocrite ? Il suffit, ce me semble, que je fasse connaître les motifs criminels qui lui font dire les choses, et que j'en aie retranché les termes consacrés, dont on aurait eu peine à lui entendre faire un mauvais usage. Mais il débite au quatrième acte une morale pernicieuse[4]. Mais cette morale est-elle quelque chose dont tout le monde n'eût les oreilles rebattues ? Dit-elle rien de nouveau dans ma comédie ? Et peut-on craindre que des choses si généralement détestées fassent quelque impression dans les esprits ; que je les rende dangereuses en les faisant monter sur le théâtre ; qu'elles reçoivent quelque

---

1. Jean Michel, docteur en médecine, à qui l'on doit *Le Mystère de la Passion* (il en existe une édition de 1490) et celui de la *Résurrection*, paru sans indication de date. 2. *Polyeucte* (1643), *Théodore vierge et martyre* (1646). 3. Voir à ce sujet, en particulier la note 1 de la page 127 (vers 1142). 4. La morale relâchée des casuistes, combattue en 1656-1657 par Pascal dans ses *Provinciales*.

autorité de la bouche d'un scélérat ? Il n'y a nulle apparence[1] à cela ; et l'on doit approuver la comédie du *Tartuffe*, ou condamner généralement toutes les comédies.

C'est à quoi l'on s'attache furieusement depuis un temps, et jamais on ne s'était si fort déchaîné contre le théâtre[2]. Je ne puis pas nier qu'il n'y ait eu des Pères de l'Église qui ont condamné la comédie ; mais on ne peut pas me nier aussi qu'il n'y en ait eu quelques-uns qui l'ont traitée un peu plus doucement. Ainsi l'autorité dont on prétend appuyer la censure est détruite par ce partage ; et toute la conséquence qu'on peut tirer de cette diversité d'opinions en des esprits éclairés des mêmes lumières, c'est qu'ils ont pris la comédie différemment, et que les uns l'ont considérée dans sa pureté, lorsque les autres l'ont regardée dans sa corruption et confondue avec tous ces vilains spectacles qu'on a eu raison de nommer des spectacles de turpitude[3].

Et en effet, puisqu'on doit discourir des choses et non pas des mots, et que la plupart des contrariétés[4] viennent de ne se pas entendre[5] et d'envelopper dans un même mot des choses opposées, il ne faut qu'ôter le voile de l'équivoque et regarder ce qu'est la comédie en soi, pour voir si elle est condamnable. On connaîtra sans doute que, n'étant autre chose qu'un poème ingénieux qui, par des leçons agréables, reprend les défauts des hommes, on ne saurait la censurer sans injustice ; et si nous voulons ouïr là-dessus le témoignage de l'Antiquité, elle nous dira que ses plus célèbres philosophes ont

---

1. Probabilité. **2.** Voir notamment Conty (l'ancien protecteur de Molière en province, devenu dévot) : *Traité de la comédie et des spectacles selon la tradition de l'Église*, dont l'impression s'achève le 18 décembre 1666 ; Pierre Nicole (le janséniste bien connu) : *Traité de la comédie*, publié dans le commencement de 1667. Mais bien des prédicateurs également dénoncent alors l'influence dangereuse du théâtre. **3.** Expression traduite de saint Augustin, *De consensu evangelistarum*, I, 51. **4.** Opinions contradictoires. **5.** De ce qu'on ne se comprend pas.

donné des louanges à la comédie, eux qui faisaient profession d'une sagesse si austère, et qui criaient sans cesse après les vices de leur siècle ; elle nous fera voir qu'Aristote a consacré des veilles au théâtre, et s'est donné le soin de réduire en préceptes l'art de faire des comédies[1] ; elle nous apprendra que de ses plus grands hommes, et des premiers en dignité, ont fait gloire d'en composer eux-mêmes[2], qu'il y en a eu d'autres qui n'ont pas dédaigné de réciter en public celles qu'ils avaient composées, que la Grèce a fait pour cet art éclater son estime par les prix glorieux et par les superbes théâtres dont elle a voulu l'honorer, et que, dans Rome enfin, ce même art a reçu aussi des honneurs extraordinaires : je ne dis pas dans Rome débauchée, et sous la licence des empereurs, mais dans Rome disciplinée, sous la sagesse des consuls, et dans le temps de la vigueur de la vertu romaine.

J'avoue qu'il y a eu des temps où la comédie s'est corrompue. Et qu'est-ce que dans le monde on ne corrompt point tous les jours ? Il n'y a chose si innocente où les hommes ne puissent porter du crime, point d'art si salutaire dont ils ne soient capables de renverser les intentions, rien de si bon en soi qu'ils ne puissent tourner à de mauvais usages. La médecine est un art profitable, et chacun la révère comme une des plus excellentes choses que nous ayons ; et cependant il y a eu des temps où elle s'est rendue odieuse, et souvent on en a fait un art d'empoisonner les hommes. La philosophie est un présent du Ciel ; elle nous a été donnée pour porter nos esprits à la connaissance d'un Dieu par la contemplation des merveilles de la nature ; et pourtant on n'ignore pas

---

1. Ici comme à d'autres endroits de cette *Préface*, le mot doit être pris dans le sens général d'œuvres dramatiques. La phrase renvoie à la *Poétique* d'Aristote. 2. Allusion à Scipion Émilien, que l'on regardait alors comme le collaborateur inavoué de Térence. Molière, dans tout ce passage, emprunte ce qu'il dit à l'abbé d'Aubignac, *Dissertation sur la condamnation des théâtres* (1666).

que souvent on l'a détournée de son emploi, et qu'on l'a occupée publiquement à soutenir l'impiété. Les choses même les plus saintes ne sont point à couvert de la corruption des hommes ; et nous voyons des scélérats qui, tous les jours, abusent de la piété, et la font servir méchamment aux crimes les plus grands. Mais on ne laisse pas pour cela de faire[1] les distinctions qu'il est besoin de faire. On n'enveloppe point, dans une fausse conséquence[2], la bonté des choses que l'on corrompt avec la malice des corrupteurs. On sépare toujours le mauvais usage d'avec l'intention de l'art ; et comme on ne s'avise point de défendre la médecine pour avoir été bannie de Rome[3], ni la philosophie, pour avoir été condamnée publiquement dans Athènes[4], on ne doit point aussi vouloir interdire la comédie, pour avoir été censurée en de certains temps. Cette censure a eu ses raisons, qui ne subsistent point ici. Elle s'est renfermée dans[5] ce qu'elle a pu voir ; et nous ne devons point la tirer des bornes qu'elle s'est données, l'étendre plus loin qu'il ne faut, et lui faire embrasser l'innocent avec le coupable. La comédie qu'elle a eu dessein d'attaquer n'est point du tout la comédie que nous voulons défendre. Il se faut bien garder de confondre celle-là avec celle-ci. Ce sont deux personnes de qui les mœurs sont tout à fait opposées. Elles n'ont aucun rapport l'une avec l'autre que la ressemblance du nom ; et ce serait une injustice épouvantable que de vouloir condamner Olympe, qui est femme de bien, parce qu'il y a eu une Olympe qui a été une débauchée. De semblables arrêts[6], sans doute, feraient un grand désordre dans le monde. Il n'y aurait rien par là qui ne fût condamné ; et puisque l'on ne garde point cette rigueur à tant de choses dont on abuse tous les jours, on doit bien faire la même

---

1. On ne renonce pas pour autant à faire. **2.** On ne confond point, par une généralisation abusive. **3.** À l'époque où les Grecs furent expulsés de Rome par les Romains. **4.** Allusion à la condamnation de Socrate. **5.** Limitée à. **6.** Décision rendue par une juridiction sans appel.

grâce à la comédie, et approuver les pièces de théâtre où l'on verra régner l'instruction et l'honnêteté.

Je sais qu'il y a des esprits[1], dont la délicatesse ne peut souffrir aucune comédie, qui disent que les plus honnêtes sont les plus dangereuses ; que les passions que l'on y dépeint sont d'autant plus touchantes qu'elles sont pleines de vertu, et que les âmes sont attendries par ces sortes de représentations. Je ne vois pas quel grand crime c'est que de s'attendrir à la vue d'une passion honnête ; et c'est un haut étage de vertu que cette pleine insensibilité où ils veulent faire monter notre âme. Je doute qu'une si grande perfection soit dans les forces de la nature humaine ; et je ne sais s'il n'est pas mieux de travailler à rectifier et adoucir les passions des hommes, que de vouloir les retrancher entièrement. J'avoue qu'il y a des lieux qu'il vaut mieux fréquenter que le théâtre ; et si l'on veut blâmer toutes les choses qui ne regardent pas directement Dieu et notre salut, il est certain que la comédie en doit être, et je ne trouve point mauvais qu'elle soit condamnée avec le reste. Mais supposé[2], comme il est vrai, que les exercices de la piété souffrent des intervalles et que les hommes aient besoin de divertissement, je soutiens qu'on ne leur en peut trouver un qui soit plus innocent que la comédie. Je me suis étendu trop loin. Finissons par un mot d'un grand prince[3] sur la comédie du *Tartuffe*.

Huit jours après qu'elle eut été défendue, on représenta devant la Cour une pièce intitulée *Scaramouche*

---

1. Réponse à Nicole, qui prend cette position tant dans sa première *Visionnaire*, en 1665, que dans son *Traité de la comédie*. Voir aussi, dans les *Pensées* de Pascal (Brunschvicg 11), des réflexions sur la comédie dont on sait aujourd'hui qu'il faut les rendre à Mme de Sablé : « C'est une représentation si naturelle et si délicate des passions, qu'elle les émeut et les fait naître dans notre cœur, et surtout celle de l'amour ; principalement lorsqu'on le représente fort chaste et fort honnête. » Etc. **2.** À supposer que. **3.** Condé, selon le *Menagiana* (qui toutefois substitue *Le Festin de Pierre* à *Scaramouche ermite* : voir l'édition de Paris, Florentin Delaulne, 1715, t. IV, p. 174) et Grimarest.

ermite, et le roi, en sortant, dit au grand prince que je veux dire : « Je voudrais bien savoir pourquoi les gens qui se scandalisent si fort de la comédie de Molière ne disent mot de celle de *Scaramouche.* » À quoi le prince répondit : « La raison de cela, c'est que la comédie de *Scaramouche* joue le Ciel et la religion, dont ces messieurs-là ne se soucient point ; mais celle de Molière les joue eux-mêmes ; c'est ce qu'ils ne peuvent souffrir. »

Béatrice Bretty et Fernand Ledoux.
Mise en scène de Fernand Ledoux
Comédie-Française, 1951.

Le libraire au lecteur

Comme les moindres choses qui partent de la plume de M. de Molière ont des beautés que les plus délicats ne se peuvent lasser d'admirer, j'ai cru ne devoir pas négliger l'occasion de vous faire part de ces placets[1]*, et qu'il était à propos de les joindre au* Tartuffe, *puisque partout il y est parlé de cette incomparable pièce.*

PLACETS AU ROI

Premier placet[2]

PRÉSENTÉ AU ROI, SUR LA COMÉDIE DU *TARTUFFE*

SIRE,

Le devoir de la comédie étant de corriger les hommes en les divertissant, j'ai cru que, dans l'emploi où je me trouve, je n'avais rien de mieux à faire que d'attaquer par des peintures ridicules les vices de mon siècle ; et comme l'hypocrisie sans doute en est un des plus en usage, des plus incommodes et des plus dangereux, j'avais eu, Sire, la pensée que je ne rendrais pas un petit service à tous les honnêtes gens de votre royaume, si je faisais une comédie qui décriât les hypocrites, et mît en vue, comme il faut, toutes les grimaces étudiées de ces gens de bien à outrance, toutes les friponneries couvertes de ces faux-mon-

---

1. Demandes ou suppliques formulées par écrit. 2. Réponse aux injures de Pierre Roullé, curé de Saint-Barthélemy, dans son *Roi glorieux au monde ou Louis XIV le plus glorieux des rois*, dont l'impression s'achève le 1er août 1664, ce placet doit avoir été composé dans les jours qui suivent. Il n'apparaît, ainsi que le deuxième et le troisième, pas avant la seconde édition de *Tartuffe*, sortie des presses le 6 juin 1669. La précédente, publiée fin mars, ne contenait que la *Préface* et le texte de la pièce. Sur la « Querelle », voir Commentaires, pp. 197-202.

nayeurs en dévotion, qui veulent attraper les hommes avec un zèle contrefait et une charité sophistique[1].

Je l'ai faite, Sire, cette comédie, avec tout le soin, comme je crois, et toutes les circonspections que pouvait demander la délicatesse de la matière ; et pour mieux conserver l'estime et le respect qu'on doit aux vrais dévots, j'en ai distingué le plus que j'ai pu le caractère que j'avais à toucher[2] ; je n'ai point laissé d'équivoque, j'ai ôté ce qui pouvait confondre le bien avec le mal, et ne me suis servi, dans cette peinture, que des couleurs expresses et des traits essentiels qui font reconnaître d'abord un véritable et franc hypocrite.

Cependant toutes mes précautions ont été inutiles. On a profité, Sire, de la délicatesse de votre âme sur les matières de religion, et l'on a su vous prendre par l'endroit seul que vous êtes prenable, je veux dire par le respect des choses saintes. Les tartuffes, sous main, ont eu l'adresse de trouver grâce auprès de Votre Majesté, et les originaux[3], enfin, ont fait supprimer la copie, quelque innocente qu'elle fût, et quelque ressemblante qu'on la trouvât.

Bien que ce m'ait été un coup sensible que la suppression de cet ouvrage[4], mon malheur pourtant était adouci par la manière dont Votre Majesté s'était expliquée sur ce sujet ; et j'ai cru, Sire, qu'elle m'ôtait tout lieu de me plaindre, ayant eu la bonté de déclarer qu'elle ne trouvait rien à dire dans cette comédie qu'elle me défendait de produire en public.

Mais malgré cette glorieuse déclaration du plus grand roi du monde et du plus éclairé, malgré l'approbation encore de monsieur le légat[5] et de la plus

---

1. « Sophistique : captieux, faux » (Richelet). 2. Mot emprunté, semble-t-il, au vocabulaire des peintres : peindre. 3. Les personnes réelles ayant servi de modèle à Molière pour son hypocrite. 4. La défense de le représenter en public. 5. Le neveu du pape Alexandre VII, Flavio Chigi, que son oncle avait envoyé porter officiellement les excuses du Saint-Siège après l'incident des gardes corses (une échauffourée s'était produite entre eux et les gens de l'ambassadeur français à Rome en 1662). Reçu le 29 juillet 1664 en audience solennelle à Fontainebleau, le cardinal

grande partie de nos prélats, qui tous, dans des lectures particulières que je leur ai faites de mon ouvrage, se sont trouvés d'accord avec les sentiments de Votre Majesté, malgré tout cela, dis-je, on voit un livre composé par le curé de... [1], qui donne hautement un démenti à tous ces augustes témoignages. Votre Majesté a beau dire, et M. le légat et MM. les prélats ont beau donner leur jugement, ma comédie, sans l'avoir vue, est diabolique, et diabolique mon cerveau ; je suis un démon vêtu de chair et habillé en homme, un libertin, un impie digne d'un supplice exemplaire. Ce n'est pas assez que le feu expie en public mon offense, j'en serais quitte à trop bon marché ; le zèle charitable de ce galant homme de bien n'a garde de demeurer là : il ne veut point que j'aie de miséricorde auprès de Dieu, il veut absolument que je sois damné, c'est une affaire résolue.

Ce livre, Sire, a été présenté à Votre Majesté ; et sans doute elle juge bien elle-même combien il m'est fâcheux de me voir exposé tous les jours aux insultes de ces messieurs ; quel tort me feront dans le monde de telles calomnies, s'il faut qu'elles soient tolérées ; et quel intérêt j'ai enfin à me purger de son imposture, et à faire voir au public que ma comédie n'est rien moins que ce qu'on veut qu'elle soit. Je ne dirai point, Sire, ce que j'avais à demander pour ma réputation, et pour justifier à tout le monde l'innocence de mon ouvrage : les rois éclairés comme vous n'ont pas besoin qu'on leur marque ce qu'on souhaite ; ils voient, comme Dieu, ce qu'il nous faut, et savent mieux que nous ce qu'ils nous doivent accorder. Il me suffit de mettre mes intérêts entre les mains de

---

légat entendit dans les jours qui suivirent Molière lui lire son *Tartuffe*, en l'état sans doute où la pièce avait été jouée à Versailles le 12 mai.

1. Le curé de Saint-Barthélemy, Pierre Roullé. Le livre ici mentionné désigne celui qui contient son *Roi glorieux au monde*, en appendice à *L'Homme glorieux, ou la dernière perfection de l'homme, achevée par la gloire éternelle*.

Votre Majesté, et j'attends d'elle avec respect tout ce qu'il lui plaira d'ordonner là-dessus.

Second placet

PRÉSENTÉ AU ROI DANS SON CAMP DEVANT LA VILLE DE LILLE EN FLANDRE [1]

SIRE,

C'est une chose bien téméraire à moi que de venir importuner un grand monarque au milieu de ses glorieuses conquêtes [2] ; mais, dans l'état où je me vois, où trouver, Sire, une protection qu'au lieu [3] où je la viens chercher ? et qui puis-je solliciter, contre l'autorité de la puissance qui m'accable, que la source de la puissance et de l'autorité, que le juste dispensateur des ordres absolus, que le souverain juge et le maître de toutes choses ?

Ma comédie, Sire, n'a pu jouir ici des bontés de Votre Majesté. En vain je l'ai produite sous le titre de *L'Imposteur*, et déguisé le personnage sous l'ajustement d'un homme du monde ; j'ai eu beau lui donner un petit chapeau, de grands cheveux, un grand collet, une épée, et des dentelles sur tout l'habit, mettre en plusieurs endroits des adoucissements, et retrancher avec soin tout ce que j'ai jugé capable de fournir l'ombre d'un prétexte aux célèbres originaux du portrait que je voulais faire : tout cela n'a de rien servi. La cabale s'est réveillée aux simples conjectures qu'ils

---

1. Ce placet fut porté à Louis XIV par La Grange et La Thorillière, deux comédiens que Molière comptait dans sa troupe, après que la *Comédie de l'Imposteur* eut été, sur l'ordre de Lamoignon, interdite dès le lendemain de son unique représentation, celle du 5 août 1667. Les deux messagers partirent le 8. Molière avait écrit son placet la veille. **2.** La campagne de Flandre, en 1667, pendant la guerre dite de Dévolution, prit l'allure d'une promenade militaire au cours de laquelle de nombreuses places, outre Lille, ouvrirent leurs portes à la reine Marie-Thérèse, épouse du roi. **3.** Sinon au lieu...

ont pu avoir de la chose. Ils ont trouvé moyen de surprendre des esprits qui, dans toute autre matière, font une haute profession de ne se point laisser surprendre[1]. Ma comédie n'a pas plus tôt paru, qu'elle s'est vue foudroyée par le coup d'un pouvoir qui doit imposer du respect ; et tout ce que j'ai pu faire en cette rencontre[2], pour me sauver moi-même de l'éclat de cette tempête, c'est de dire que Votre Majesté avait eu la bonté de m'en permettre la représentation, et que je n'avais pas cru qu'il fût besoin de demander cette permission à d'autres, puisqu'il n'y avait qu'elle seule qui me l'eût défendue.

Je ne doute point, Sire, que les gens que je peins dans ma comédie ne remuent bien des ressorts auprès de Votre Majesté, et ne jettent dans leur parti, comme ils ont déjà fait, de véritables gens de bien, qui sont d'autant plus prompts à se laisser tromper qu'ils jugent d'autrui par eux-mêmes. Ils[3] ont l'art de donner de belles couleurs à toutes leurs intentions. Quelque mine qu'ils fassent, ce n'est point du tout l'intérêt de Dieu qui les peut émouvoir ; ils l'ont assez montré dans les comédies qu'ils ont souffert qu'on ait jouées tant de fois en public sans en dire le moindre mot. Celles-là n'attaquaient que la piété et la religion, dont ils se soucient fort peu ; mais celle-ci les attaque et les joue eux-mêmes, et c'est ce qu'ils ne peuvent souffrir. Ils ne sauraient me pardonner de dévoiler leurs impostures aux yeux de tout le monde ; et sans doute on ne manquera pas de dire à Votre Majesté que chacun s'est scandalisé de ma comédie. Mais la vérité pure, Sire, c'est que tout Paris ne s'est scandalisé que de la défense qu'on en a faite, que les plus scrupuleux en ont trouvé la représentation profitable,

---

1. Des magistrats toujours en garde contre la prévention dans l'exercice habituel de leur charge, comme le premier président de Lamoignon, que Louis XIV avait choisi pour assurer la police dans Paris durant son absence. **2.** Circonstance. **3.** À la fin de la phrase précédente, « ils jugent » renvoyait aux « véritables gens de bien ». Ici, le même pronom représente « les gens » que Molière peint « dans sa comédie ».

et qu'on s'est étonné que des personnes d'une probité si connue aient eu une si grande déférence pour des gens qui devraient être l'horreur de tout le monde et sont si opposés à la véritable piété dont elles font profession.

J'attends avec respect l'arrêt que Votre Majesté daignera prononcer sur cette matière ; mais il est très assuré, Sire, qu'il ne faut plus que je songe à faire des comédies si les tartuffes ont l'avantage, qu'ils prendront droit par là de me persécuter plus que jamais, et voudront trouver à redire aux choses les plus innocentes qui pourront sortir de ma plume.

Daignent vos bontés, Sire, me donner une protection contre leur rage envenimée ; et puissé-je, au retour d'une campagne si glorieuse, délasser Votre Majesté des fatigues de ses conquêtes, lui donner d'innocents plaisirs après de si nobles travaux, et faire rire le monarque qui fait trembler toute l'Europe !

Troisième placet

PRÉSENTÉ AU ROI

SIRE,

Un fort honnête médecin[1] dont j'ai l'honneur d'être le malade, me promet et veut s'obliger pardevant notaires de me faire vivre encore trente années, si je puis lui obtenir une grâce de Votre Majesté. Je lui ai dit, sur sa promesse, que je ne lui demandais pas tant, et que je serais satisfait de lui pourvu qu'il s'obligeât de ne me point tuer. Cette grâce, Sire, est un canonicat[2] de votre chapelle royale de Vincennes, vacant par la mort de...

---

1. M. de Mauvillain, selon Grimarest *(La Vie de M. de Molière)* et le *Menagiana*. Ce placet fut écrit le jour même de la représentation publique de *Tartuffe*, le 5 février 1669. 2. Molière le demandait pour le fils de Mauvillain.

Oserais-je demander encore cette grâce à Votre Majesté, le propre jour de la grande résurrection de *Tartuffe*, ressuscité par vos bontés ? Je suis, par cette première faveur, réconcilié avec les dévots ; et je le serais, par cette seconde, avec les médecins. C'est pour moi sans doute trop de grâce à la fois ; mais peut-être n'en est-ce pas trop pour Votre Majesté ; et j'attends, avec un peu d'espérance respectueuse, la réponse de mon placet.

Le Tartuffe

Comédie

Personnages

MADAME PERNELLE, *mère d'Orgon*
ORGON, *mari d'Elmire*
ELMIRE, *femme d'Orgon*
DAMIS, *fils d'Orgon*
MARIANE, *fille d'Orgon et amante de Valère*
VALÈRE, *amant*[1] *de Mariane*
CLÉANTE, *beau-frère d'Orgon*
TARTUFFE, *faux dévot*
DORINE, *suivante de Mariane*
M. LOYAL, *sergent*
UN EXEMPT
FLIPOTE, *servante de Mme Pernelle*

La scène est à Paris.

---

1. Rappelons qu'amante et amant, au XVIIe siècle, remplacent, dans les listes de personnages, amoureuse et amoureux, lorsqu'il s'agit d'un penchant réciproque et partagé.

ACTE I

Scène 1

MADAME PERNELLE *et* FLIPOTE, *sa servante*, ELMIRE,
MARIANE, DORINE, DAMIS, CLÉANTE

MADAME PERNELLE

Allons, Flipote, allons, que d'eux je me délivre.

ELMIRE

Vous marchez d'un tel pas qu'on a peine à vous
[suivre.

MADAME PERNELLE

Laissez, ma bru, laissez, ne venez pas plus loin ;
Ce sont toutes façons dont je n'ai pas besoin.

ELMIRE

De ce que l'on vous doit envers vous on
[s'acquitte.
Mais, ma mère, d'où vient que vous sortez si vite ?

MADAME PERNELLE

C'est que je ne puis voir tout ce ménage[1]-ci,
Et que de me complaire on ne prend nul souci.
Oui, je sors de chez vous fort mal édifiée :
Dans toutes mes leçons j'y suis contrariée,
On n'y respecte rien, chacun y parle haut,

1. Pris en mauvaise part : façon de vivre.

Et c'est tout justement la cour du roi Pétaut[1].

DORINE

Si...

MADAME PERNELLE

Vous êtes, mamie[2], une fille suivante[3]
Un peu trop forte en gueule[4], et fort impertinente.
Vous vous mêlez sur tout de dire votre avis.

DAMIS

Mais...

MADAME PERNELLE

Vous êtes un sot en trois lettres, mon fils ;
C'est moi qui vous le dis, qui suis votre
[grand-mère ;
Et j'ai prédit cent fois à mon fils, votre père,
Que vous preniez tout l'air d'un méchant
[garnement,
Et ne lui donneriez jamais que du tourment.

---

1. « Terme qui n'a d'usage qu'en cette phrase proverbiale : "la cour du roi Pétaud", pour dire : un lieu de désordre et de confusion, et où tout le monde est maître » (*Dictionnaire de l'Académie française*, édition de 1694). **2.** Ce mot, dit Richelet, qui l'écrit aussi « M'amie » (abréviation archaïque et familière pour « Mon amie »), mais qui préconise plutôt la graphie « mamie », « ne se dit guère qu'en parlant à des servantes », comme dans ce vers, « ou qu'entre de petits bourgeois ». Furetière, qui ne connaît que l'expression « ma mie » en deux mots, rappelle que les enfants se servent de ce « vieux mot » pour appeler leur gouvernante « leur mie ». Dorine, avant d'être élevée au rang de suivante, a pu remplir ce rôle auprès de Mariane quand elle perdit sa mère : Madame Pernelle continue en ce cas à se servir pour s'adresser à Dorine de l'appellation dont elle usait quand la jeune fille était enfant. Sans refuser à la « fille suivante » son titre actuel, sur lequel, avec ironie, elle appuie pompeusement, elle rabat le caquet de l'impertinente qui lui tient tête par le rappel de la plus modeste position qu'elle occupait auparavant dans la maison. **3.** Une demoiselle de compagnie. **4.** « C'est-à-dire, glose Richelet, qui cite l'expression, vous êtes trop insolente en paroles, vous répliquez trop. »

MARIANE

Je crois...

MADAME PERNELLE

Mon Dieu, sa sœur, vous faites la
[discrette[1],
Et vous n'y touchez pas, tant vous semblez
[doucette ;
Mais il n'est, comme on dit, pire eau que l'eau qui
[dort,
Et vous menez sous chape[2] un train que je hais
[fort.

ELMIRE

Mais, ma mère...

MADAME PERNELLE

Ma bru, qu'il ne vous en déplaise,
Votre conduite en tout est tout à fait mauvaise ;
Vous devriez leur mettre un bon exemple aux
[yeux,
Et leur défunte mère en usait beaucoup mieux.
Vous êtes dépensière ; et cet état[3] me blesse,
Que vous alliez vêtue ainsi qu'une princesse,
Quiconque à son mari veut plaire seulement,
Ma bru, n'a pas besoin de tant d'ajustement.

---

1. Vous vous conduisez en sainte Nitouche ; graphie ancienne, qui permet au mot de rimer pour l'œil aussi bien que pour l'oreille. **2.** Sous cape. **3.** « Estat, observe Furetière, se dit (...) des différents degrés ou conditions » sociales, et il ajoute : « En France on ne connaît point les gens par leur train, par leurs habits. Un Comédien, une Courtisane portent autant d'état que des Seigneurs et des Marquises. » Aux yeux de Madame Pernelle, il en va de même pour une bourgeoise comme Elmire. La « sotte vanité » apparaît bien déjà comme « le mal françois ». Sganarelle, dans *L'École des maris*, ne tenait pas un autre langage sur la mode masculine. La vieille dame a dû lire aussi, après Arnolphe, les *Maximes du mariage* qu'il impose dans *L'École des femmes* à son élève Agnès de lire.

CLÉANTE

Mais, Madame, après tout...

MADAME PERNELLE

Pour vous, Monsieur
[son frère,
Je vous estime fort, vous aime, et vous révère ;
Mais enfin, si j'étais de mon fils, son époux,
Je vous prierais bien fort de n'entrer point chez
[nous.
Sans cesse vous prêchez des maximes de vivre
Qui par d'honnêtes gens ne se doivent point
[suivre.
Je vous parle un peu franc ; mais c'est là mon
[humeur,
Et je ne mâche point ce que j'ai sur le cœur.

DAMIS

Votre Monsieur Tartuffe est bien heureux sans
[doute...

MADAME PERNELLE

C'est un homme de bien, qu'il faut que l'on
[écoute ;
Et je ne puis souffrir sans me mettre en courroux
De le voir querellé par un fou comme vous.

DAMIS

Quoi ? je souffrirai, moi, qu'un cagot[1] de critique
Vienne usurper céans un pouvoir tyrannique,
Et que nous ne puissions à rien nous divertir,
Si ce beau monsieur-là n'y daigne consentir ?

DORINE

S'il le faut écouter et croire à ses maximes,
On ne peut faire rien qu'on ne fasse des crimes ;

---

1. « Faux dévot, et hypocrite, qui affecte de montrer des apparences de dévotion pour tromper, et pour parvenir à ses fins » (Furetière).

Car il contrôle[1] tout, ce critique zélé.

MADAME PERNELLE

Et tout ce qu'il contrôle est fort bien contrôlé.
C'est au chemin du Ciel qu'il prétend vous
[conduire,
Et mon fils à l'aimer vous devrait tous induire.

DAMIS

Non, voyez-vous, ma mère, il n'est père ni rien
Qui me puisse obliger à lui vouloir du bien ;
Je trahirais mon cœur de parler d'autre sorte ;
Sur ses façons de faire à tous coups je m'emporte ;
J'en prévois une suite, et qu'avec ce pied plat[2]
Il faudra que j'en vienne à quelque grand éclat.

DORINE

Certes, c'est une chose aussi qui scandalise,
De voir qu'un inconnu céans s'impatronise[3],
Qu'un gueux qui, quand il vint, n'avait pas de
[souliers[4]
Et dont l'habit entier valait bien six deniers[5],
En vienne jusque-là que de se méconnaître[6],
De contrarier tout, et de faire le maître[7].

MADAME PERNELLE

Hé ! merci de ma vie[8] ! il en irait bien mieux,
Si tout se gouvernait par ses ordres pieux.

---

1. Contrôler, au figuré : « trouver à redire » (Richelet). **2.** Richelet, qui cite cet exemple, glose : « un misérable, un coquin, un rustre, un grossier », par allusion à ses chaussures, dépourvues de hauts talons. **3.** S'impatroniser, selon Furetière : « Se rendre maître insensiblement ». **4.** Un va-nu-pieds... **5.** La moitié d'un sou ! **6.** Oublier son humble condition. **7.** « Faire le fat et le glorieux » (Richelet), alors qu'il n'est qu'un gueux qui devrait savoir se contenter de rester à sa place. **8.** « Manière de juron dont se servent les femmes de la lie du peuple » (Furetière).

DORINE

Il passe pour un saint dans votre fantaisie[1] :
Tout son fait, croyez-moi, n'est rien qu'hypocrisie.

MADAME PERNELLE

Voyez la langue !

DORINE

À lui, non plus qu'à son Laurent,
Je ne me fierais, moi, que sur un bon garant.

MADAME PERNELLE

J'ignore ce qu'au fond le serviteur peut être ;
Mais pour homme de bien je garantis le maître.
Vous ne lui voulez mal et ne le rebutez[2]
Qu'à cause qu'il vous dit à tous vos vérités.
C'est contre le péché que son cœur se courrouce,
Et l'intérêt du Ciel est tout ce qui le pousse.

DORINE

Oui, mais pourquoi, surtout depuis un certain [temps,
Ne saurait-il souffrir qu'aucun hante céans[3] ?
En quoi blesse le Ciel une visite honnête,
Pour en faire un vacarme à nous rompre la tête ?
Veut-on que là-dessus je m'explique entre nous ?
Je crois que de Madame il est, ma foi, jaloux.

MADAME PERNELLE

Taisez-vous, et songez aux choses que vous dites.
Ce n'est pas lui tout seul qui blâme ces visites.
Tout ce tracas[4] qui suit les gens que vous hantez,
Ces carrosses sans cesse à la porte plantés,
Et de tant de laquais le bruyant assemblage
Font un éclat fâcheux dans tout le voisinage.

---

1. Imagination. **2.** Rebuter : « Rejeter comme une chose dont on ne veut point, parce qu'elle ne plaît pas, et qu'il y a quelque chose à dire » (Richelet). « Mépriser » (Furetière). **3.** Supporter les visites de personne ici. **4.** « Embarras » (Richelet).

Je veux croire qu'au fond il ne se passe rien ;
Mais enfin on en parle, et cela n'est pas bien.

CLÉANTE

Hé ! voulez-vous, Madame, empêcher qu'on ne [cause ?
Ce serait dans la vie une fâcheuse chose,
Si pour les sots discours où l'on peut être mis[1],
Il fallait renoncer à ses meilleurs amis.
Et quand même on pourrait se résoudre à le faire,
Croiriez-vous obliger tout le monde à se taire ?
Contre la médisance il n'est point de rempart.
À tous les sots caquets n'ayons donc nul égard ;
Efforçons-nous de vivre avec toute innocence,
Et laissons aux causeurs une pleine licence.

DORINE

Daphné, notre voisine, et son petit époux
Ne seraient-ils point ceux qui parlent mal de nous ?
Ceux de qui la conduite offre le plus à rire
Sont toujours sur autrui les premiers à médire ;
Ils ne manquent jamais de saisir promptement
L'apparente lueur du moindre attachement[2],
D'en semer la nouvelle avec beaucoup de joie,
Et d'y donner le tour qu'ils veulent qu'on y croie[3] :
Des actions d'autrui, teintes de leurs couleurs,
Ils pensent dans le monde autoriser les leurs,
Et sous le faux espoir de quelque ressemblance,
Aux intrigues qu'ils ont donner de l'innocence,
Ou faire ailleurs tomber quelques traits partagés
De ce blâme public dont ils sont trop chargés.

MADAME PERNELLE

Tous ces raisonnements ne font rien à l'affaire.
On sait qu'Orante mène une vie exemplaire :

---

1. Les racontars dans lesquels on peut être impliqué. 2. L'indice, même non fondé, de la plus légère inclination amoureuse. 3. De la présenter à leur façon, tantôt en excusant les fautes d'autrui pour se faire pardonner les leurs, tantôt dénigrant les autres pour n'être pas eux-mêmes publiquement blâmés.

Tous ses soins vont[1] au Ciel ; et j'ai su par des gens
Qu'elle condamne fort le train[2] qui vient céans.

DORINE[3]

L'exemple est admirable, et cette dame est
[bonne !
Il est vrai qu'elle vit en austère personne ;
Mais l'âge dans son âme a mis ce zèle ardent,
Et l'on sait qu'elle est prude à son corps
[défendant[4].
Tant qu'elle a pu des cœurs attirer les hommages,
Elle a fort bien joui de tous ses avantages ;
Mais, voyant de ses yeux tous les brillants[5]
[baisser,
Au monde, qui la quitte, elle veut renoncer[6],
Et du voile pompeux d'une haute sagesse
De ses attraits usés déguiser la faiblesse,
Ce sont là les retours[7] des coquettes du temps.
Il leur est dur de voir déserter les galants.
Dans un tel abandon, leur sombre inquiétude
Ne voit d'autre recours que le métier de prude ;
Et la sévérité de ces femmes de bien
Censure toute chose, et ne pardonne à rien ;
Hautement d'un chacun elles blâment la vie,
Non point par charité, mais par un trait d'envie,
Qui ne saurait souffrir qu'une autre ait les plaisirs

---

1. Sont tournés vers le Ciel. Elle est uniquement préoccupée du Ciel. Au vers suivant, « train » : « On dit en mauvaise part qu'il y a du train dans une maison, qu'il y loge du mauvais train, quand il s'y retire des filous, des garces, et autres gens mal-vivants » (Furetière). Mais le mot peut désigner ici simplement le va-et-vient continuel des visiteurs, de leurs carrosses et de leur domesticité. **2.** Ce mot se dit à Paris, selon Richelet, pour désigner la vie scandaleuse menée dans une maison bourgeoise, où « des filles de mauvaise vie reçoivent les visites de force godelureaux et autres ». On notera la verdeur des propos tenus par Madame Pernelle, qui suscitent le rire mal dissimulé de Cléante (voir le vers 163). **3.** Dans *L'Imposteur* de 1667, la tirade qui suit était prononcée par Cléante. **4.** « C'est-à-dire, traduit Richelet, qu'elle est sage parce qu'elle est laide. » Ou plutôt ici qu'avec l'âge elle a perdu de ses appas. **5.** L'éclat. **6.** Se retirer du monde pour se consacrer à la dévotion. **7.** Les revirements ou conversions. « Du temps » : les coquettes du temps jadis, qui sont surannées.

Dont le penchant de l'âge a sevré[1] leurs désirs.

MADAME PERNELLE

Voilà les contes bleus[2] qu'il vous faut pour vous plaire.
Ma bru, l'on est chez vous contrainte de se taire,
Car Madame à jaser tient le dé[3] tout le jour.
Mais enfin je prétends discourir à mon tour :
Je vous dis que mon fils n'a rien fait de plus sage
Qu'en recueillant chez soi ce dévot personnage ;
Que le Ciel au besoin[4] l'a céans envoyé
Pour redresser à tous votre esprit fourvoyé ;
Que pour votre salut vous le devez entendre,
Et qu'il ne reprend rien qui ne soit à reprendre.
Ces visites, ces bals, ces conversations
Sont du malin esprit toutes inventions.
Là jamais on n'entend de pieuses paroles :
Ce sont propos oisifs, chansons et fariboles ;
Bien souvent le prochain en a sa bonne part,
Et l'on y sait médire et du tiers et du quart[5].
Enfin les gens sensés ont leurs têtes troublées
De la confusion de telles assemblées :
Mille caquets divers s'y font en moins de rien ;
Et comme l'autre jour un docteur dit fort bien,
C'est véritablement la tour de Babylone,
Car chacun y babille, et tout du long de l'aune[6].
Et pour conter l'histoire où ce point l'engagea...

Montrant Cléante.

Voilà-t-il pas Monsieur qui ricane déjà !

---

1. Privé. **2.** Les histoires à dormir debout. **3.** Richelet, qui cite le vers, commente : « C'est-à-dire, elle jase plus que les autres. » Furetière explique ainsi « tenir le dé » : « Se rendre maître d'une conversation, et y vouloir parler toujours. » **4.** Parce que c'était devenu nécessaire. **5.** « C'est-à-dire, glose Richelet, qui cite la formule, [...] tout le monde indifféremment. » **6.** « Tout le long de l'aune : c'est-à-dire tout à fait », traduit Richelet, qui cite cet exemple. « Un docteur » : un docteur en théologie, au cours d'un sermon dont un des « points » (une des parties) portait sur le danger des conversations. « Babylone » : Babel.

Allez chercher vos fous qui vous donnent à rire[1],
Et sans... Adieu, ma bru : je ne veux plus rien
[dire.
Sachez que pour céans j'en rabats de moitié[2],
Et qu'il fera beau temps quand j'y mettrai le pied.

Donnant un soufflet à Flipote.

Allons, vous ! vous rêvez, et bayez aux corneilles.
Jour de Dieu ! je saurai vous frotter les oreilles.
Marchons, gaupe[3], marchons.

Scène 2

CLÉANTE, DORINE

CLÉANTE

Je n'y veux point aller,
De peur qu'elle ne vînt encor me quereller,
Que cette bonne femme...

DORINE

Ah ! certes, c'est dommage
Qu'elle ne vous ouït tenir un tel langage :
Elle vous dirait bien qu'elle vous trouve bon[4],
Et qu'elle n'est point d'âge à lui donner ce nom.

CLÉANTE

Comme elle s'est pour rien contre nous échauffée !
Et que de son Tartuffe elle paraît coiffée[5] !

---

1. Sans doute renvoie-t-elle Cléante aux jeunes débauchés qu'on nommait alors « libertins » et qui tournaient volontiers la religion en dérision. **2.** Rabattre : « diminuer de l'estime qu'on avait pour quelqu'un » (Richelet, qui cite ce passage). **3.** « Femme malpropre et sale » (*Dictionnaire de l'Académie française,* 1694). **4.** Dorine joue sur le sens de « bon ». Au vers 173 : « bonne femme », vieille femme. Ici, l'adjectif est pris avec la signification de « plaisant », que donne Richelet. **5.** Entichée : sens qu'a perdu depuis l'adjectif « coiffée ».

DORINE

Oh ! vraiment tout cela n'est rien au prix[1] du fils,
Et si vous l'aviez vu, vous diriez : « C'est bien
[pis ! »
Nos troubles[2] l'avaient mis sur le pied d'homme
[sage[3],
Et pour servir son prince il montra du courage ;
Mais il est devenu comme un homme hébété,
Depuis que de Tartuffe on le voit entêté[4] ;
Il l'appelle son frère, et l'aime dans son âme
Cent fois plus qu'il ne fait mère, fils, fille et
[femme.
C'est de tous ses secrets l'unique confident,
Et de ses actions le directeur[5] prudent ;
Il le choie, il l'embrasse, et pour une maîtresse
On ne saurait, je pense, avoir plus de tendresse ;
À table, au plus haut bout[6] il veut qu'il soit assis ;
Avec joie il l'y voit manger autant que six ;
Les bons morceaux de tout, il fait qu'on les lui
[cède ;
Et s'il vient à roter, il lui dit : « Dieu vous aide ! »

(C'est une servante qui parle[1]*.)*

Enfin il en est fou ; c'est son tout, son héros ;
Il l'admire à tous coups, le cite à tout propos ;

---

1. En comparaison. **2.** La Fronde, entre 1648 et 1653. Au vers suivant, « son prince » : Louis XIV. **3.** L'avaient établi dans la réputation d'homme avisé : resté fidèle à son souverain pendant la Fronde, il n'en avait pas moins su, comme le montrera la précieuse cassette, dépôt compromettant mis en sûreté chez lui par un ami, conserver la confiance des Frondeurs. **4.** Depuis qu'il n'a plus en tête que Tartuffe, comme va le montrer la scène du « pauvre homme » (I, 4), qui se trouve de la sorte préparée. **5.** Il n'agit que selon ses directives, Tartuffe tient auprès d'Orgon le même rôle qu'un directeur de conscience ecclésiastique, bien qu'il n'ait pas reçu l'ordination : sinon le père de Mariane songerait-il à lui donner sa fille en mariage ? **6.** « On appelle le haut bout d'une table, le lieu le plus honorable, celui [...] où on sert les meilleurs morceaux » (Furetière). Les vers 191-194, selon l'édition de 1682, étaient, à cette date, supprimés à la représentation.

---

1 Note de Molière.

Ses moindres actions lui semblent des miracles,
Et tous les mots qu'il dit sont pour lui des oracles.
Lui, qui connaît sa dupe et qui veut en jouir,
Par cent dehors fardés[1] a l'art de l'éblouir ;
Son cagotisme[2] en tire à toute heure des sommes,
Et prend droit de gloser[3] sur tous tant que nous
[sommes,
Il n'est pas jusqu'au fat[4] qui lui sert de garçon
Qui ne se mêle aussi de nous faire leçon ;
Il vient nous sermonner avec des yeux farouches,
Et jeter nos rubans, notre rouge et nos mouches[5].
Le traître, l'autre jour, nous rompit de ses mains
Un mouchoir qu'il trouva dans une *Fleur*
[des Saints[6],
Disant que nous mêlions, par un crime effroyable,
Avec la sainteté les parures du diable.

---

1. Par toutes sortes de démonstrations spécieuses : l'hypocrite se maquille et porte des masques, à l'instar du comédien. **2.** « Manière d'agir hypocrite », selon Richelet. Plus précisément la fausse dévotion, poussée jusqu'à l'outrance et pratiquée comme un système à des fins de profit personnel. **3.** « Trouver à redire » (Richelet), critiquer, censurer, interpréter et commenter avec malveillance. « Prend droit » : se permet. **4.** « Sot, impertinent » (Richelet). « On appelle [...] garçon un valet à tout faire, et particulièrement quand il est seul à servir, et sans porter de couleurs [sans livrée]. Ce prêtre vit seul avec son garçon » (Furetière). **5.** « Petit morceau de taffetas ou velours noir, que les dames mettent sur leur visage par ornement, ou pour faire paraître leur teint plus blanc. Les dévots crient fort contre les mouches, comme étant une marque de grande coquetterie » (Furetière). Rouge : « C'est un fard dont les femmes se colorent les joues et le visage » *(ibid.)*. **6.** La célèbre *Flos sanctorum, o libro de las vidas de los santos*, du P. Pedro Ribadeneyra, jésuite espagnol, parue à Madrid en 1599-1601 sous forme de deux volumes in-folio, plusieurs fois traduite en français, sous le titre : *Fleurs des vies des saints*, notamment par les PP. Gaultier et Bonnet (1641). Le « mouchoir » désigne selon toute vraisemblance ce qu'on appelle un « mouchoir de cou », « linge garni ordinairement de dentelles exquises, dont les dames se servent pour cacher et pour parer leur gorge » (Furetière).

Scène 3

ELMIRE, MARIANE, DAMIS, CLÉANTE, DORINE

ELMIRE

Vous êtes bien heureux de n'être point venu
Au discours qu'à la porte elle nous a tenu.
Mais j'ai vu mon mari : comme il ne m'a point
Je veux aller là-haut attendre sa venue. [vue,

CLÉANTE

Moi, je l'attends ici pour moins d'amusement[1],
Et je vais lui donner le bonjour seulement.

DAMIS

De l'hymen de ma sœur touchez-lui quelque
[chose,
J'ai soupçon que Tartuffe à son effet[2] s'oppose,
Qu'il oblige mon père à des détours si grands ;
Et vous n'ignorez pas quel intérêt j'y prends.
Si même ardeur enflamme et ma sœur et Valère,
La sœur de cet ami, vous le savez, m'est chère.
Et s'il fallait...

DORINE

Il entre.

---

1. Pour ne pas m'attarder. 2. S'oppose à ce qu'il s'accomplisse. Détour « se dit [...] de ce qui arrête, de ce qui empêche [...] qu'on n'achève une chose » (Furetière).

Scène 4

ORGON, CLÉANTE, DORINE

ORGON

Ah ! mon frère[1], bonjour.

CLÉANTE

Je sortais, et j'ai joie à vous voir de retour.
La campagne à présent n'est pas beaucoup fleurie.

ORGON

Dorine... Mon beau-frère, attendez, je vous prie :
Vous voulez bien souffrir, pour m'ôter de souci,
Que je m'informe un peu des nouvelles d'ici.
Tout s'est-il, ces deux jours, passé de bonne
[sorte ?
Qu'est-ce qu'on fait céans ? comme[2] est-ce qu'on
[s'y porte ?

DORINE

Madame eut avant-hier la fièvre jusqu'au soir,
Avec un mal de tête étrange à concevoir.

ORGON

Et Tartuffe ?

DORINE

Tartuffe ? Il se porte à merveille,
Gros et gras, le teint frais, et la bouche vermeille.

ORGON

Le pauvre homme !

DORINE

Le soir, elle eut un grand dégoût,
Et ne put au souper toucher à rien du tout,

---

1. Au sens de : beau-frère (comparer avec le vers 266). 2. Comment.

Tant sa douleur de tête était encor cruelle !

ORGON

Et Tartuffe ?

DORINE

Il soupa, lui tout seul, devant elle,
Et fort dévotement il mangea deux perdrix,
Avec une moitié de gigot en hachis.

ORGON

Le pauvre homme !

DORINE

La nuit se passa tout entière
Sans qu'elle pût fermer un moment la paupière ;
Des chaleurs l'empêchaient de pouvoir
[sommeiller,
Et jusqu'au jour près d'elle il nous fallut veiller.

ORGON

Et Tartuffe ?

DORINE

Pressé d'un sommeil agréable,
Il passa dans sa chambre au sortir de la table,
Et dans son lit bien chaud il se mit tout soudain,
Où sans trouble il dormit jusques au lendemain.

ORGON

Le pauvre homme !

DORINE

À la fin, par nos raisons gagnée,
Elle se résolut à souffrir la saignée [1],

---

1. « Incision des veines par laquelle on fait l'évacuation du sang et des humeurs contenues dans le sang » (Richelet). Opération la plus couramment prescrite par les médecins du XVIIe siècle, et pratiquée par les barbiers, qui faisaient office de chirurgiens.

Et le soulagement suivit tout aussitôt.

Orgon

Et Tartuffe ?

Dorine

Il reprit courage comme il faut,
Et contre tous les maux fortifiant son âme,
Pour réparer le sang qu'avait perdu Madame,
But à son déjeuner quatre grands coups de vin.

Orgon

Le pauvre homme !

Dorine

Tous deux se portent bien enfin ;
Et je vais à Madame annoncer par avance
La part que vous prenez à sa convalescence.

Scène 5

Orgon, Cléante

Cléante

À votre nez, mon frère, elle se rit de vous ;
Et sans avoir dessein de vous mettre en courroux,
Je vous dirai tout franc que c'est avec justice.
A-t-on jamais parlé d'un semblable caprice ?
Et se peut-il qu'un homme ait un charme[1]
[aujourd'hui
À vous faire oublier toutes choses pour lui,
Qu'après avoir chez vous réparé sa misère[2],
Vous en veniez au point... ?

---

1. Au sens premier du mot : un pouvoir, magique, d'ensorceler. **2.** Avoir, en l'accueillant dans votre maison, soulagé sa misère, et même l'en avoir tiré.

ORGON

Halte-là, mon beau-frère :
Vous ne connaissez pas celui dont vous parlez.

CLÉANTE

Je ne le connais pas, puisque vous le voulez ;
Mais enfin, pour savoir quel homme ce peut être...

ORGON

Mon frère, vous seriez charmé de le connaître,
Et vos ravissements ne prendraient point de fin.
C'est un homme... qui... ha !... un homme... un
[homme enfin.
Qui suit bien ses leçons, goûte une paix profonde,
Et comme du fumier[1] regarde tout le monde.
Oui, je deviens tout autre avec son entretien ;
Il m'enseigne à n'avoir affection pour rien,
De toutes amitiés il détache mon âme[2] ;
Et je verrais mourir frère, enfants, mère et femme,
Que je m'en soucierais autant que de cela[3].

CLÉANTE

Les sentiments humains, mon frère, que voilà !

ORGON

Ha ! si vous aviez vu comme j'en fis rencontre,
Vous auriez pris pour lui l'amitié que je montre.
Chaque jour à l'église il venait, d'un air doux,
Tout vis-à-vis de moi se mettre à deux genoux.
Il attirait les yeux de l'assemblée entière
Par l'ardeur dont au Ciel il poussait sa prière ;

---

1. Le mot se trouve dans saint Paul, Épître aux Philippiens, III, 8 et se retrouve dans l'*Imitation de Jésus-Christ*, I, 3, *in fine*. **2.** Le directeur d'Orgon doit s'appuyer pour cela sur l'Évangile selon saint Luc (XIV, 26) et, moins nettement, sur l'Évangile selon saint Matthieu (X, 37), non sans pervertir ni dénaturer l'enseignement du Christ. Voir aussi l'*Imitation*, II, 7. Aux deux passages tirés de Luc et de Matthieu, M. Gaston Hall (« Tartuffe, false friend » dans *Ouverture et Dialogue* : Mélanges W.Leimer, Tübingen, 1988) suggère d'ajouter Matthieu XIX, 29, Marc, X, 29 et Luc XVIII, 29-30. **3.** Un geste de totale indifférence accompagne ce mot.

Il faisait des soupirs, de grands élancements[1],
Et baisait humblement la terre à tous moments ;
Et lorsque je sortais, il me devançait vite,
Pour m'aller à la porte offrir de l'eau bénite.
Instruit par son garçon, qui dans tout l'imitait,
Et de son indigence, et de ce qu'il était,
Je lui faisais des dons ; mais avec modestie
Il me voulait toujours en rendre une partie.
« C'est trop, me disait-il, c'est trop de la moitié ;
Je ne mérite pas de vous faire pitié » ;
Et quand je refusais de le vouloir reprendre,
Aux pauvres, à mes yeux, il allait le répandre.
Enfin le Ciel chez moi me le fit retirer[2],
Et depuis ce temps-là tout semble y prospérer.
Je vois qu'il reprend[3] tout, et qu'à ma femme même
Il prend, pour mon honneur, un intérêt extrême ;
Il m'avertit des gens qui lui font les yeux doux,
Et plus que moi six fois il s'en montre jaloux.
Mais vous ne croiriez point jusqu'où monte son zèle :
Il s'impute à péché la moindre bagatelle[4] ;
Un rien presque suffit pour le scandaliser ;
Jusque-là qu'il se vint l'autre jour accuser
D'avoir pris une puce en faisant sa prière,
Et de l'avoir tuée avec trop de colère[5].

CLÉANTE

Parbleu ! vous êtes fou, mon frère, que je croi.
Avec de tels discours, vous moquez-vous de moi ?
Et que prétendez-vous que tout ce badinage ?...

---

1. Élancement : « mouvement du cœur qui s'élance », commente Richelet, qui cite ce vers. **2.** Le recueillir, lui donner retraite chez moi. **3.** Reprendre : « blâmer, corriger, châtier » (Furetière). **4.** Il charge sa conscience de la moindre peccadille comme d'une faute grave. **5.** Un trait analogue est attribué par Jacques de Voragine à saint Macaire dans *La Légende dorée*. On le retrouve dans *La Cour sainte* du P. Caussin. Henri Estienne, au siècle précédent, l'avait cité pour s'en moquer.

ORGON

Mon frère, ce discours sent le libertinage[1] :
Vous en êtes un peu dans votre âme entiché[2] ;
Et comme je vous l'ai plus de dix fois prêché,
Vous vous attirerez quelque méchante affaire[3],

CLÉANTE

Voilà de vos pareils le discours ordinaire :
Ils veulent que chacun soit aveugle comme eux.
C'est être libertin que d'avoir de bons yeux,
Et qui n'adore pas de vaines simagrées
N'a ni respect ni foi pour les choses sacrées.
Allez, tous vos discours ne me font point de peur :
Je sais comme je parle, et le Ciel voit mon cœur.
De tous vos façonniers[4] on n'est point les esclaves.
Il est de faux dévots ainsi que de faux braves ;
Et comme on ne voit pas qu'où l'honneur les conduit
Les vrais braves soient ceux qui font beaucoup de [bruit,
Les bons et vrais dévots, qu'on doit suivre à la trace,
Ne sont pas ceux aussi qui font tant de grimace.
Hé quoi ? vous ne ferez nulle distinction
Entre l'hypocrisie et la dévotion ?
Vous les voulez traiter d'un semblable langage,
Et rendre même honneur au masque qu'au visage,
Égaler l'artifice à la sincérité,
Confondre l'apparence avec la vérité,
Estimer le fantôme autant que la personne,
Et la fausse monnaie à l'égal de la bonne ?
Les hommes la plupart sont étrangement faits !
Dans la juste nature on ne les voit jamais ;
La raison a pour eux des bornes trop petites ;
En chaque caractère ils passent ses limites ;

---

1. « L'état d'une personne qui témoigne peu de respect pour les choses de la religion » (*Dictionnaire de l'Académie française*, 1694). **2.** « Commencé [*sic*] à être gâté, à être corrompu. » Ne « se dit proprement que des fruits », mais s'emploie également, comme ici, pour parler « des mauvaises opinions en fait de doctrine et de religion » *(ibid.)*. **3.** Des ennuis. **4.** « Grimaciers » (Furetière).

Et la plus noble chose, ils la gâtent souvent
Pour la vouloir outrer et pousser trop avant.
Que cela vous soit dit en passant, mon beau-frère.

ORGON

Oui, vous êtes sans doute un docteur[1] qu'on révère ;
Tout le savoir du monde est chez vous retiré ;
Vous êtes le seul sage et le seul éclairé,
Un oracle, un Caton[2] dans le siècle où nous sommes ;
Et près de vous[3] ce sont des sots que tous les [hommes.

CLÉANTE

Je ne suis point, mon frère, un docteur révéré,
Et le savoir chez moi n'est pas tout retiré.
Mais, en un mot, je sais, pour toute ma science,
Du faux avec le vrai faire la différence.
Et comme je ne vois nul genre de héros
Qui soient plus à priser que les parfaits dévots,
Aucune chose au monde et plus noble et plus belle
Que la sainte ferveur d'un véritable zèle,
Aussi ne vois-je rien qui soit plus odieux
Que le dehors plâtré[4] d'un zèle spécieux,
Que ces francs charlatans, que ces dévots de place[5],

---

1. Une autorité en la matière. **2.** Caton l'Ancien, dit le Censeur, connu pour l'intransigeante sévérité de ses jugements, qui n'épargnaient personne. **3.** En comparaison de vous. **4.** Comparer avec ce que disait Dorine au vers 200 : « Par cent dehors fardés. » « Plâtrer », selon Richelet, c'est, quand on applique le verbe à « ses défauts », « les couvrir et les cacher sous de belles apparences » (ce que Cléante appelle ici « le dehors »). « L'hypocrisie », observe Furetière, « plâtre et couvre toutes sortes de défauts ». Molière, ou son personnage, veut dire que le faux dévot dissimule l'insincérité de sa dévotion sous un masque de plâtre, analogue à celui que se mettaient sur le visage les acteurs du théâtre antique. **5.** Le sens de l'expression n'apparaît pas nettement. Il s'éclaire toutefois, semble-t-il, par le mot de « charlatans » dans le premier hémistiche du même vers, faux médecins qui, dit Furetière, montent « sur le théâtre en place publique pour vendre de la thériaque et autres drogues » et qui rassemblent « le peuple par des tours de passe-passe et des bouffonneries, pour en avoir plus facilement le débit ». On peut aussi comprendre, plus simplement : ceux qui font étalage d'une dévotion ostentatoire sur la place publique, pour vendre leur marchandise frelatée au plus offrant.

De qui la sacrilège et trompeuse grimace
Abuse impunément et se joue à leur gré
De ce qu'ont les mortels de plus saint et sacré,
Ces gens qui, par une âme à l'intérêt soumise,
Font de dévotion métier et marchandise,
Et veulent acheter crédit et dignités
À prix de faux clins d'yeux[1] et d'élans affectés,
Ces gens, dis-je, qu'on voit d'une ardeur non
[commune
Par le chemin du Ciel courir à leur fortune,
Qui, brûlants[2] et priants, demandent chaque jour,
Et prêchent la retraite au milieu de la cour,
Qui savent ajuster[3] leur zèle avec leurs vices,
Sont prompts, vindicatifs, sans foi[4], pleins d'artifices,
Et pour perdre quelqu'un couvrent insolemment
De l'intérêt du Ciel leur fier[5] ressentiment,
D'autant plus dangereux dans leur âpre colère,
Qu'ils prennent contre nous des armes qu'on
[révère,
Et que leur passion, dont on leur sait bon gré,
Veut nous assassiner avec un fer[6] sacré.
De ce faux caractère[7] on en voit trop paraître ;
Mais les dévots de cœur[8] sont aisés à connaître.
Notre siècle, mon frère, en expose à nos yeux
Qui peuvent nous servir d'exemples glorieux :
Regardez Ariston, regardez Périandre,
Oronte, Alcidamas, Polydore, Clitandre ;
Ce titre par aucun ne leur est débattu[9] ;
Ce ne sont point du tout fanfarons de vertu ;

---

1. Au prix d'une ferveur simulée par des battements de paupière... **2.** Le participe présent, à cette date, pouvait encore ne pas rester invariable et s'accorder en nombre comme en genre avec son sujet. Nous conservons la graphie ancienne pour maintenir la liaison entre « brûlants » et la conjonction « et ». **3.** Accommoder, concilier. **4.** Sans parole, sans bonne foi. **5.** Fier parce que, loin de paraître se venger bassement de leurs ennemis personnels, ils se posent en courageux défenseurs de la religion. **6.** Une arme, dans le style oratoire et soutenu, par synecdoque (figure désignant l'objet par la matière dont il est fabriqué). **7.** De cette fourberie on ne rencontre que trop d'exemples. **8.** Les croyants sincères. **9.** Contesté.

On ne voit point en eux ce faste[1] insupportable
Et leur dévotion est humaine, est traitable :
Ils ne censurent point toutes nos actions :
Ils trouvent trop d'orgueil dans ces corrections[2] ;
Et laissant la fierté[3] des paroles aux autres,
C'est par leurs actions qu'ils reprennent les nôtres.
L'apparence du mal a chez eux peu d'appui[4]
Et leur âme est portée à juger bien d'autrui.
Point de cabale[5] en eux, point d'intrigues à suivre ;
On les voit, pour tous soins, se mêler de bien vivre ;
Jamais contre un pécheur ils n'ont d'acharnement ;
Ils attachent leur haine au péché seulement,
Et ne veulent point prendre, avec un zèle extrême,
Les intérêts du Ciel plus qu'il ne veut lui-même.
Voilà mes gens, voilà comme il en faut user,
Voilà l'exemple enfin qu'il se faut proposer.
Votre homme, à dire vrai, n'est pas de ce modèle :
C'est de fort bonne foi que vous vantez son zèle ;
Mais par un faux éclat je vous crois ébloui.

ORGON

Monsieur mon cher beau-frère, avez-vous tout dit ?

CLÉANTE

[Oui.

ORGON

Je suis votre valet[6].

Il veut s'en aller.

---

1. « Orgueil apparent, affectation de vanité, d'un éclat qui paraît aux yeux des hommes. Les hypocrites donnent l'aumône avec faste, comme faisaient les Pharisiens » (Furetière). 2. Ils craindraient trop de donner l'impression de se croire supérieurs aux autres, s'ils s'avisaient de vouloir leur donner des leçons. 3. L'arrogance et la morgue. 4. Ils ne se hâtent pas de condamner sur de simples apparences. 5. Pas de propension à se grouper en société plus ou moins secrète (comme la Compagnie du Saint-Sacrement). 6. « On dit ironiquement à un homme : "Je suis votre valet", quand on ne veut pas croire ce qu'il dit, ou faire ce qu'il désire » (Furetière).

CLÉANTE

De grâce, un mot, mon frère.
Laissons là ce discours. Vous savez que Valère
Pour être votre gendre a parole de vous ?

ORGON

Oui.

CLÉANTE

Vous aviez pris jour pour un lien si doux.

ORGON

Il est vrai.

CLÉANTE

Pourquoi donc en différer la fête ?

ORGON

Je ne sais.

CLÉANTE

Auriez-vous autre pensée en tête ?

ORGON

Peut-être.

CLÉANTE

Vous voulez manquer à votre foi ?

ORGON

Je ne dis pas cela.

CLÉANTE

Nul obstacle, je croi [1],
Ne vous peut empêcher d'accomplir vos promesses.

1. Graphie ancienne permettant de conserver la rime pour l'œil autant que pour l'oreille.

ORGON

Selon[1].

CLÉANTE

Pour dire un mot, faut-il tant de finesses ?
Valère sur ce point me fait vous visiter.

ORGON

Le Ciel en soit loué !

CLÉANTE

Mais que lui reporter ?

ORGON

Tout ce qu'il vous plaira.

CLÉANTE

Mais il est nécessaire
De savoir vos desseins. Quels sont-ils donc ?

ORGON

De faire
Ce que le Ciel voudra.

CLÉANTE

Mais parlons tout de bon.
Valère a votre foi[2] : la tiendrez-vous, ou non ?

ORGON

Adieu.

CLÉANTE

Pour son amour je crains une disgrâce,
Et je dois l'avertir de tout ce qui se passe.

---

1. Nous dirions : « c'est selon ». **2.** Votre parole (comparer avec le vers 411).

ACTE II

Scène 1

ORGON, MARIANE

ORGON

Mariane.

MARIANE

Mon père.

ORGON

Approchez, j'ai de quoi
Vous parler en secret.

MARIANE

Que cherchez-vous ?

ORGON

Il regarde dans un petit cabinet.

Je voi [1]
Si quelqu'un n'est point là qui pourrait nous entendre ;
Car ce petit endroit est propre pour surprendre [2],
Or sus [3], nous voilà bien. J'ai, Mariane, en vous

1. Voir note 1, p. 73. 2. Propice pour écouter en cachette une conversation. 3. Locution adverbiale dont Richelet dit qu'elle appartient au « style le plus bas » et à laquelle Furetière donne la valeur d'un « excitatif », avec un sens équivalent à notre : c'est bien. Orgon a vérifié qu'aucune oreille indiscrète n'entendra ce qu'il va dire et c'est ce qu'exprime : « Nous voilà bien. » Mais il compte sans l'intervention de Dorine à la scène suivante.

Reconnu de tout temps un esprit assez doux,
Et de tout temps aussi vous m'avez été chère.

MARIANE

Je suis fort redevable à cet amour de père.

ORGON

C'est fort bien dit, ma fille ; et pour le mériter,
Vous devez n'avoir soin que de me contenter.

MARIANE

C'est où [1], je mets aussi ma gloire la plus haute.

ORGON

Fort bien. Que dites-vous de Tartuffe notre hôte ?

MARIANE

Qui, moi ?

ORGON

Vous. Voyez bien comme vous répondrez.

MARIANE

Hélas ! [2] j'en dirai, moi, tout ce que vous voudrez.

ORGON

C'est parler sagement. Dites-moi donc, ma fille,
Qu'en toute sa personne un haut mérite brille,
Qu'il touche votre cœur, et qu'il vous serait doux
De le voir par mon choix devenir votre époux.

Mariane se recule avec surprise.

Eh ?

---

1. À quoi. 2. Exclamation qui, pour le moins, ne témoigne qu'un enthousiasme très mitigé...

MARIANE

Eh ?

ORGON

Qu'est-ce ?

MARIANE

Plaît-il ?

ORGON

Quoi ?

MARIANE

Me suis-je méprise ?

ORGON

Comment ?

MARIANE

Qui voulez-vous, mon père, que je dise[1]
Qui me touche le cœur, et qu'il me serait doux
De voir par votre choix devenir mon époux ?

ORGON

Tartuffe.

MARIANE

Il n'en est rien, mon père, je vous jure.
Pourquoi me faire dire une telle imposture ?

ORGON

Mais je veux que cela soit une vérité ;
Et c'est assez pour vous que je l'aie arrêté.

MARIANE

Quoi ? vous voulez, mon père... ?

1. De qui voulez-vous que je dise qu'il me touche le cœur, etc.

ORGON

Oui, je prétends, ma fille,
Unir par votre hymen Tartuffe à ma famille.
Il sera votre époux, j'ai résolu cela ;
Et comme sur vos vœux je...

Scène 2

DORINE, ORGON, MARIANE

ORGON

Que faites-vous là ?
La curiosité qui vous pousse est bien forte,
Mamie, à nous venir écouter de la sorte.

DORINE

Vraiment, je ne sais pas si c'est un bruit qui part
De quelque conjecture, ou d'un coup de hasard ;
Mais de ce mariage on m'a dit la nouvelle,
Et j'ai traité cela de pure bagatelle.

ORGON

Quoi donc ? la chose est-elle incroyable ?

DORINE

À tel point,
Que vous-même, Monsieur, je ne vous en crois
[point.

ORGON

Je sais bien le moyen de vous le faire croire.

DORINE

Oui, oui, vous nous contez une plaisante histoire.

ORGON

Je conte justement ce qu'on verra dans peu.

DORINE

Chansons !

ORGON

Ce que je dis, ma fille, n'est point jeu.

DORINE

Allez, ne croyez point à Monsieur votre père :
Il raille.

ORGON

Je vous dis...

DORINE

Non, vous avez beau faire,
On ne vous croira point.

ORGON

À la fin mon courroux...

DORINE

Hé bien ! on vous croit donc, et c'est tant pis pour [vous.
Quoi ? se peut-il, Monsieur, qu'avec l'air d'homme [sage
Et cette large barbe[1] au milieu du visage,
Vous soyez assez fou pour vouloir...

ORGON

Écoutez :
Vous avez pris céans certaines privautés
Qui ne me plaisent point ; je vous le dis, mamie.

1. « Tout le poil qui est au-dessus des lèvres, aux joues, et au menton » (Richelet). Donc la moustache, aussi bien que la barbe proprement dite.

DORINE

Parlons sans nous fâcher, Monsieur, je vous [supplie.
Vous moquez-vous des gens d'avoir fait ce complot ?
Votre fille n'est point l'affaire d'un bigot :
Il a d'autres emplois auxquels il faut qu'il pense.
Et puis, que vous apporte une telle alliance ?
À quel sujet aller, avec tout votre bien,
Choisir un gendre gueux ?...

ORGON

Taisez-vous. S'il n'a rien,
Sachez que c'est par là qu'il faut qu'on le révère.
Sa misère est sans doute[1] une honnête misère ;
Au-dessus des grandeurs elle doit l'élever,
Puisque enfin de son bien il s'est laissé priver
Par son trop peu de soin[2] des choses temporelles,
Et sa puissante attache[3] aux choses éternelles.
Mais mon secours pourra lui donner les moyens
De sortir d'embarras et rentrer dans ses biens :
Ce sont fiefs qu'à bon titre au pays[4] on renomme ;
Et tel que l'on le voit, il est bien gentilhomme.

DORINE

Oui, c'est lui qui le dit : et cette vanité,
Monsieur, ne sied pas bien[5] avec la piété.
Qui d'une sainte vie embrasse l'innocence[6]
Ne doit point tant prôner son nom et sa naissance,
Et l'humble procédé de la dévotion
Souffre mal les éclats de cette ambition.
À quoi bon cet orgueil ?... Mais ce discours vous [blesse[7] :
Parlons de sa personne, et laissons sa noblesse.
Ferez-vous possesseur, sans quelque peu d'ennui,
D'une fille comme elle un homme comme lui ?

---

1. Sans aucun doute, assurément. **2.** « Application, ardeur » (Richelet). **3.** Son attachement. **4.** Dans son pays (comparer avec le vers 646). **5.** Ne s'accorde pas bien. **6.** Qui aspire à l'innocence d'une vie pieuse. **7.** Ce que je vous dis là vous déplaît.

Et ne devez-vous pas songer aux bienséances,
Et de cette union prévoir les conséquences ?
Sachez que d'une fille on risque la vertu,
Lorsque dans son hymen son goût[1] est combattu,
Que le dessein d'y vivre en honnête personne
Dépend des qualités du mari qu'on lui donne,
Et que ceux dont partout on montre au doigt le front
Font leurs femmes souvent ce qu'on voit [qu'elles sont[2].
Il est bien difficile enfin d'être fidèle
À de certains maris faits d'un certain modèle ;
Et qui donne à sa fille un homme qu'elle hait
Est responsable au Ciel des fautes qu'elle fait.
Songez à quels périls votre dessein vous livre.

ORGON

Je vous dis qu'il me faut apprendre d'elle à vivre.

DORINE

Vous n'en feriez que mieux de suivre mes leçons.

ORGON

Ne nous amusons point, ma fille, à ces chansons[3] :
Je sais ce qu'il vous faut, et je suis votre père.
J'avais donné pour vous ma parole à Valère ;
Mais outre qu'à jouer on dit qu'il est enclin,
Je le soupçonne encor d'être un peu libertin :
Je ne remarque point qu'il hante[4] les églises.

DORINE

Voulez-vous qu'il y coure à vos heures précises,
Comme ceux qui n'y vont que pour être aperçus ?

---

1. Son penchant. En l'occurrence, celui de Mariane pour Valère. **2.** Les maris qui sont trompés ne doivent souvent s'en prendre qu'à eux-mêmes. **3.** Ne perdons pas notre temps à ces fariboles. Orgon, lassé de répondre à Dorine, se tourne à nouveau vers sa fille, avec laquelle il essaie de renouer le dialogue, malicieusement interrompu par les interventions de la « suivante » de Mariane. **4.** Fréquente.

ORGON

Je ne demande pas votre avis là-dessus.
Enfin avec le Ciel l'autre est le mieux du monde,
Et c'est une richesse à nulle autre seconde.
Cet hymen de tous biens comblera vos désirs,
Il sera tout confit en douceurs et plaisirs.
Ensemble vous vivrez, dans vos ardeurs fidèles,
Comme deux vrais enfants, comme deux
[tourterelles ;
À nul fâcheux débat jamais vous n'en viendrez,
Et vous ferez de lui tout ce que vous voudrez.

DORINE

Elle ? elle n'en fera qu'un sot[1], je vous assure.

ORGON

Ouais ! quels discours !

DORINE

Je dis qu'il en a l'encolure[2],
Et que son ascendant[3], Monsieur, l'emportera
Sur toute la vertu que votre fille aura.

ORGON

Cessez de m'interrompre, et songez à vous taire,
Sans mettre votre nez où vous n'avez que faire.

DORINE

Je n'en parle, Monsieur, que pour votre intérêt.

Elle l'interrompt toujours au moment qu'il se retourne pour parler à sa fille.

---

1. « Un cocu, un cornard, le mari d'une femme dissolue ou infidèle » (Furetière). **2.** « Se dit figurément des hommes et signifie mine, apparence » (Furetière, qui donne cet exemple : « Ce jeune homme a toute l'encolure d'un sot »). **3.** « Signe qui paraît sur l'horizon au moment qu'on vient au monde, et qui nous donne une pente pour certaines choses plutôt que pour d'autres » (Richelet). Terme d'astrologie. Ce que prédit à Mariane son horoscope se réalisera : même décidée à rester vertueuse, elle trompera son mari.

ORGON

C'est prendre trop de soin : taisez-vous, s'il vous plaît.

DORINE

Si l'on ne vous aimait...

ORGON

Je ne veux pas qu'on m'aime.

DORINE

Et je veux vous aimer, Monsieur, malgré vous-même.

ORGON

Ah !

DORINE

Votre honneur m'est cher, et je ne puis souffrir
Qu'aux brocards[1] d'un chacun vous alliez vous offrir.

ORGON

Vous ne vous tairez point ?

DORINE

C'est une conscience[2]
Que de vous laisser faire une telle alliance.

ORGON

Te tairas-tu, serpent, dont les traits effrontés... ?

DORINE

Ah ! vous êtes dévot, et vous vous emportez ?

ORGON

Oui, ma bile s'échauffe à toutes ces fadaises[3],

---

1. « Terme injurieux et satirique, qu'on dit en plaisantant contre quelqu'un ». (Furetière). **2.** « Scrupule et difficulté qu'on sent à faire ou à dire quelque chose, parce que la raison et le bon sens y sont contraires » (Richelet). **3.** « Sottise, folie, bagatelle sotte et ridicule », glose Richelet au mot fadése (*sic*). Plaisanterie fade.

Et tout résolument je veux que tu te taises.

DORINE

Soit. Mais, ne disant mot, je n'en pense pas moins.

ORGON

Pense, si tu le veux ; mais applique tes soins
À ne m'en point parler, ou... Suffit.

Se retournant vers sa fille.

Comme sage,
J'ai pesé mûrement toutes choses.

DORINE

J'enrage
De ne pouvoir parler.

Elle se tait lorsqu'il tourne la tête.

ORGON

Sans être damoiseau[1],
Tartuffe est fait de sorte...

DORINE

Oui, c'est un beau museau[2].

ORGON

Que quand tu n'aurais même aucune sympathie
Pour tous les autres dons...

Il se tourne devant elle, et la regarde les bras croisés.

DORINE

La voilà bien lotie !
Si j'étais en sa place, un homme assurément

1. « Se dit [...] ironiquement d'un homme qui fait le beau fils, qui affecte trop de propreté [d'élégance], un galant de profession » (Furetière, qui renvoie à *L'École des femmes*, vers 33-34). 2. « Se dit ironiquement du visage des personnes », observe Furetière.

Ne m'épouserait pas de force impunément ;
Et je lui ferais voir bientôt après la fête
Qu'une femme a toujours une vengeance prête[1].

ORGON

Donc, de ce que je dis on ne fera nul cas ?

DORINE

De quoi vous plaignez-vous ? Je ne vous parle pas.

ORGON

Qu'est-ce que tu fais donc ?

DORINE

Je me parle à moi-
[même.

ORGON

Fort bien. Pour châtier son insolence extrême,
Il faut que je lui donne un revers[2] de ma main.

Il se met en posture de lui donner un soufflet ; et Dorine, à chaque coup d'œil qu'il jette, se tient droite sans parler.

Ma fille, vous devez approuver mon dessein...
Croire que le mari... que j'ai su vous élire...

À Dorine.

Que ne te parles-tu ?

DORINE

Je n'ai rien à me dire.

ORGON

Encore un petit mot.

---

1. Celle de tromper son mari. Au vers précédent, « après la fête » ; après la noce. 2. Un soufflet donné du dos de la main.

DORINE

Il ne me plaît pas, moi.

ORGON

Certes, je t'y guettais.

DORINE

Quelque sotte, ma foi[1] !

ORGON

Enfin, ma fille, il faut payer d'obéissance,
Et montrer pour mon choix entière déférence.

DORINE, *en s'enfuyant*

Je me moquerais fort de prendre un tel époux.

Il lui veut donner un soufflet et la manque.

ORGON

Vous avez là, ma fille, une peste avec vous.
Avec qui sans péché[2] je ne saurais plus vivre.
Je me sens hors d'état maintenant de poursuivre :
Ses discours insolents m'ont mis l'esprit en feu,
Et je vais prendre l'air pour me rasseoir[3] un peu.

Scène 3

DORINE , MARIANE

DORINE

Avez-vous donc perdu, dites-moi, la parole,
Et faut-il qu'en ceci je fasse votre rôle ?
Souffrir qu'on vous propose un projet insensé,
Sans que du moindre mot vous l'ayez repoussé !

---

1. Sous-entendu : se risquerait à parler ; il faudrait être sotte pour ouvrir la bouche. **2.** Sans me mettre en colère, péché capital. **3.** « Se remettre du trouble où l'on était » (Richelet, qui cite les vers 583-584).

MARIANE
Contre un père absolu[1] que veux-tu que je fasse ?

DORINE
Ce qu'il faut pour parer une telle menace.

MARIANE
Quoi ?

DORINE
Lui dire qu'un cœur n'aime point par autrui,
Que vous vous mariez pour vous, non pas pour lui,
Qu'étant celle pour qui se fait toute l'affaire,
C'est à vous, non à lui, que le mari doit plaire,
Et que si son Tartuffe est pour lui si charmant,
Il le peut épouser sans nul empêchement.

MARIANE
Un père, je l'avoue, a sur nous tant d'empire,
Que je n'ai jamais eu la force de rien dire.

DORINE
Mais raisonnons. Valère a fait pour vous des pas[2] :
L'aimez-vous, je vous prie, ou ne l'aimez-vous pas ?

MARIANE
Ah ! qu'envers mon amour ton injustice est
[grande,
Dorine ! me dois-tu faire cette demande ?
T'ai-je pas là-dessus ouvert cent fois mon cœur,
Et sais-tu pas pour lui jusqu'où va mon ardeur ?

DORINE
Que sais-je si le cœur a parlé par la bouche,
Et si c'est tout de bon que cet amant vous touche ?

1. Qui n'admet aucune résistance à ses volontés. 2. Des démarches.

MARIANE

Tu me fais un grand tort, Dorine, d'en douter,
Et mes vrais sentiments ont su trop éclater.

DORINE

Enfin, vous l'aimez donc ?

MARIANE

Oui, d'une ardeur extrême.

DORINE

Et selon l'apparence il vous aime de même ?

MARIANE

Je le crois.

DORINE

Et tous deux brûlez également
De vous voir mariés ensemble ?

MARIANE

Assurément.

DORINE

Sur cette autre union quelle est donc votre
[attente[1] ?

MARIANE

De me donner la mort si l'on me violente.

DORINE

Fort bien : c'est un recours où[2] je ne songeais pas ;
Vous n'avez qu'à mourir pour sortir d'embarras ;
Le remède sans doute est merveilleux. J'enrage
Lorsque j'entends tenir ces sortes de langage.

---

1. « Espérance » (Richelet). 2. Auquel.

MARIANE

Mon Dieu ! de quelle humeur, Dorine, tu te rends !
Tu ne compatis point aux déplaisirs des gens.

DORINE

Je ne compatis point à qui dit des sornettes
Et dans l'occasion mollit comme vous faites.

MARIANE

Mais que veux-tu ? si j'ai de la timidité.

DORINE

Mais l'amour dans un cœur veut de la fermeté.

MARIANE

Mais n'en gardé-je pas pour les feux de Valère ?
Et n'est-ce pas à lui de m'obtenir d'un père ?

DORINE

Mais quoi ? si votre père est un bourru[1] fieffé[2],
Qui s'est de son Tartuffe entièrement coiffé[3]
Et manque à l'union qu'il avait arrêtée[4],
La faute à votre amant doit-elle être imputée ?

MARIANE

Mais par un haut refus et d'éclatants mépris[5]
Ferai-je dans mon choix voir un cœur trop épris[6] ?
Sortirai-je pour lui, quelque éclat dont il brille,
De la pudeur du sexe et du devoir de fille ?
Et veux-tu que mes feux par le monde étalés... ?

---

1. « Bizarre, capricieux » (Richelet). **2.** « Ce mot se dit en mauvaise part et signifie "achevé" » (Richelet). **3.** « Se coiffer : s'amouracher d'une personne » (Richelet). « S'entêter » (Furetière). **4.** Décidée. **5.** Si je refuse hautement et si mon mépris pour Tartuffe se manifeste avec éclat. **6.** En avouant que mon choix se porte sur Valère, oserai-je laisser paraître mon amour (pour un prétendant qui n'a plus l'agrément de mon père) ?

DORINE

Non, non, je ne veux rien. Je vois que vous voulez
Être à Monsieur Tartuffe ; et j'aurais, quand j'y
[pense,
Tort de vous détourner d'une telle alliance.
Quelle raison aurais-je à combattre vos vœux ?
Le parti de soi-même est fort avantageux.
Monsieur Tartuffe ! oh ! oh ! n'est-ce rien qu'on
[propose ?
Certes, Monsieur Tartuffe, à bien prendre la chose,
N'est pas un homme, non, qui se mouche du pié[1],
Et ce n'est pas peu d'heur[2] que d'être sa moitié.
Tout le monde déjà de gloire[3] le couronne ;
Il est noble chez lui, bien fait de sa personne ;
Il a l'oreille rouge et le teint bien fleuri[4] :
Vous vivrez trop contente avec un tel mari.

MARIANE

Mon Dieu !...

DORINE

Quelle allégresse aurez-vous dans
[votre âme,
Quand d'un époux si beau vous vous verrez
[la femme !

MARIANE

Ha ! cesse, je te prie, un semblable discours,
Et contre cet hymen ouvre-moi du secours.
C'en est fait, je me rends, et suis prête à tout faire.

---

1. « On dit proverbialement et populairement d'un homme habile et intelligent que c'est un homme qui ne se mouche pas du pied » (*Dictionnaire de l'Académie française*, 1694). La graphie « pié » permet au mot de rimer aussi pour l'œil. 2. De bonheur. 3. « La béatitude dont on jouit dans le Paradis » *(ibid.)*. 4. « Ce mot se dit du teint et veut dire vermeil » (Richelet, qui renvoie à ce passage).

DORINE

Non, il faut qu'une fille obéisse à son père,
Voulût-il lui donner un singe pour époux.
Votre sort est fort beau : de quoi vous plaignez-vous ?
Vous irez par le coche[1] en sa petite ville,
Qu'en oncles et cousins vous trouverez fertile,
Et vous vous plairez fort à les entretenir[2].
D'abord chez le beau monde on vous fera venir ;
Vous irez visiter, pour votre bienvenue,
Madame la baillive[3] et Madame l'élue,
Qui d'un siège pliant[4] vous feront honorer.
Là, dans le carnaval, vous pourrez espérer
Le bal et la grand-bande[5], à savoir, deux musettes[6],
Et parfois Fagotin[7] et les marionnettes,
Si pourtant votre époux...

MARIANE

Ah ! tu me fais mourir.
De tes conseils plutôt songe à me secourir.

---

1. « Voiture posée sur quatre roues qui est en forme de carrosse, à la réserve qu'il est plus grand et qu'il n'est point suspendu » (Furetière), « où un messager de province amène des gens et des ballots de marchandises à Paris, et s'en retourne à sa province avec des gens et des ballots qui lui paient chacun une certaine somme » (Richelet). Le coche tient en somme plus du « chariot couvert » (*Dictionnaire de l'Académie*, 1694) que du carrosse. **2.** « Converser avec quelqu'un » (Richelet). **3.** « Le mot de baillive est burlesque. On dit femme de bailli » (Richelet, qui cite les vers 661-662). Le bailli désigne « celui qui dans une province a soin de la justice » *(ibid.)*. L'élue représente la « femme de l'élu », « officier royal qui, avec ses confrères, distribue dans une certaine étendue de pays, les tailles et les aides [impôts directs et indirects], et juge de tous les différends qui naissent de ces choses » *(ibid.)*. **4.** Un pliant. On appelle aussi ces sièges pliants selles brisées, ou perroquets s'ils comportent un dossier. Ils « sont soutenus par des sangles ou de fortes toiles pour être plus mollets » (Furetière), et « garnis d'étoffe de velours, de moquette, de tapisserie » *(ibid.)*. Ils se placent, dans l'ordre hiérarchique, au-dessous du fauteuil, de la chaise, du tabouret, ne précédant que les « escabelles » ou les bancs de bois. **5.** « La grande bande des vingt-quatre violons. Ce sont les violons de la chambre du roi » (Richelet). **6.** Variété de cornemuse. Instrument rustique. **7.** Le singe savant, bien connu, du bateleur Pierre Dattelin dit Brioché, qui dressait ses tréteaux sur le Pont-Neuf.

DORINE

Je suis votre servante[1].

MARIANE

Eh ! Dorine, de grâce...

DORINE

Il faut, pour vous punir, que cette affaire passe[2].

MARIANE

Ma pauvre fille !

DORINE

Non.

MARIANE

Si mes vœux déclarés...[3]

DORINE

Point : Tartuffe est votre homme, et vous en
[tâterez.

MARIANE

Tu sais qu'à toi toujours je me suis confiée :
Fais-moi...

DORINE

Non, vous serez, ma foi ! tartuffiée[4].

MARIANE

Hé bien ! puisque mon sort ne saurait t'émouvoir,
Laisse-moi désormais toute à mon désespoir :
C'est de lui que mon cœur empruntera de l'aide,
Et je sais de mes maux l'infaillible remède.

Elle veut s'en aller.

---

1. Cf. « Je suis votre valet », au vers 609. **2.** Se fasse. **3.** Si je déclarais qui j'aime... **4.** Vous deviendrez Madame Tartuffe, par votre mariage.

DORINE

Hé ! là, là, revenez. Je quitte mon courroux.
Il faut, nonobstant tout[1], avoir pitié de vous.

MARIANE

Vois-tu, si l'on m'expose à ce cruel martyre,
Je te le dis, Dorine, il faudra que j'expire.

DORINE

Ne vous tourmentez point. On peut adroitement
Empêcher... Mais voici Valère, votre amant.

Scène 4

VALÈRE, MARIANE, DORINE

VALÈRE

On vient de débiter, Madame, une nouvelle
Que je ne savais pas, et qui sans doute[2] est belle.

MARIANE

Quoi ?

VALÈRE

Que vous épousez Tartuffe.

MARIANE

Il est certain
Que mon père s'est mis en tête ce dessein.

VALÈRE

Votre père, Madame...

1. Malgré tout. 2. Assurément (avec une valeur ironique).

MARIANE

A changé de visée :
La chose vient par lui de m'être proposée.

VALÈRE

Quoi ? sérieusement ?

MARIANE

Oui, sérieusement.
Il s'est pour cet hymen déclaré hautement.

VALÈRE

Et quel est le dessein où votre âme s'arrête,
Madame ?

MARIANE

Je ne sais.

VALÈRE

La réponse est honnête.
Vous ne savez ?

MARIANE

Non.

VALÈRE

Non ?

MARIANE

Que me conseillez-vous ?

VALÈRE

Je vous conseille, moi, de prendre cet époux.

MARIANE

Vous me le conseillez ?

VALÈRE
Oui.

MARIANE
Tout de bon ?

VALÈRE
Sans doute :
Le choix est glorieux, et vaut bien qu'on l'écoute.

MARIANE
Hé bien ! c'est un conseil, Monsieur, que je reçois.

VALÈRE
Vous n'aurez pas grand-peine à le suivre, je crois.

MARIANE
Pas plus qu'à le donner en a souffert votre âme.

VALÈRE
Moi, je vous l'ai donné pour vous plaire, Madame.

MARIANE
Et moi, je le suivrai pour vous faire plaisir.

DORINE
Voyons ce qui pourra de ceci réussir[1].

VALÈRE
C'est donc ainsi qu'on aime ? Et c'était tromperie
Quand vous...

MARIANE
Ne parlons point de cela, je vous prie.
Vous m'avez dit tout franc que je dois accepter
Celui que pour époux on me veut présenter :
Et je déclare, moi, que je prétends le faire,

1. Ce qui pourra résulter de ce différend.

Puisque vous m'en donnez le conseil salutaire.

VALÈRE

Ne vous excusez point sur mes intentions.
Vous aviez pris déjà vos résolutions ;
Et vous vous saisissez d'un prétexte frivole
Pour vous autoriser à manquer de parole.

MARIANE

Il est vrai, c'est bien dit.

VALÈRE

Sans doute ; et votre cœur
N'a jamais eu pour moi de véritable ardeur.

MARIANE

Hélas ! [1] permis à vous d'avoir cette pensée.

VALÈRE

Oui, oui, permis à moi ; mais mon âme offensée
Vous préviendra [2] peut-être en un pareil dessein ;
Et je sais où porter et mes vœux et ma main [3].

MARIANE

Ah ! je n'en doute point ; et les ardeurs qu'excite
Le mérite...

VALÈRE

Mon Dieu, laissons là le mérite :
J'en ai fort peu sans doute, et vous en faites foi [4].

---

1. Exclamation sans valeur ici de soupir plaintif, mais marquant une indifférence ironique (fictive, cela va sans dire, mais dont Mariane, à ce moment de la scène, reste dupe elle-même, aveuglée qu'elle est par son dépit). **2.** Vous devancera. **3.** Qui aimer et qui épouser à votre place. **4.** Votre attitude le prouve. Si Valère ne l'interrompait pas, Mariane poursuivrait sur un ton d'ironie par quelque chose comme : (le mérite) de votre personne assurément ne manquerait pas de vous valoir des conquêtes. Mariane et Valère amusent, par ce que leur colère garde d'encore un peu enfantin. Ils se querellent sans s'apercevoir qu'ils continuent à s'avouer inconsciemment qu'ils s'aiment.

Mais j'espère aux bontés[1] qu'une autre aura pour [moi,
Et j'en sais de qui l'âme, à ma retraite ouverte,
Consentira sans honte à réparer ma perte[2].

MARIANE

La perte n'est pas grande ; et de ce changement
Vous vous consolerez assez facilement.

VALÈRE

J'y ferai mon possible, et vous le pouvez croire.
Un cœur qui nous oublie engage notre gloire[3] ;
Il faut à l'oublier mettre aussi tous nos soins :
Si l'on n'en vient à bout, on le doit feindre [au moins[4] ;
Et cette lâcheté jamais ne se pardonne,
De montrer de l'amour pour qui nous abandonne.

MARIANE

Ce sentiment, sans doute, est noble et relevé.

VALÈRE

Fort bien ; et d'un chacun il doit être approuvé.
Hé quoi ? vous voudriez qu'à jamais dans mon âme
Je gardasse pour vous les ardeurs de ma flamme,
Et vous visse, à mes yeux, passer en d'autres bras,
Sans mettre ailleurs un cœur[5] dont vous ne voulez [pas ?

---

1. Je compte sur les bontés... **2.** Toutes prêtes à m'écouter (« ouverte ») si je vous quitte (« ma retraite »). **3.** Être abandonné par une maîtresse risque de nuire à notre réputation. Au vers suivant, « l'oublier » : oublier de notre côté la personne qui nous oublie. **4.** Si l'on n'y parvient pas réellement, on doit pourtant le donner à croire. **5.** M'engager dans un nouvel amour, pour une autre personne. Les deux jeunes gens sont rompus au langage de la plus fine galanterie.

MARIANE
Au contraire : pour moi, c'est ce que je souhaite ;
Et je voudrais déjà que la chose fût faite.

VALÈRE
Vous le voudriez ?

MARIANE
Oui.

VALÈRE
C'est assez m'insulter,
Madame ; et de ce pas je vais vous contenter.

Il fait un pas pour s'en aller et revient toujours.

MARIANE
Fort bien.

VALÈRE
Souvenez-vous au moins que c'est [vous-même
Qui contraignez mon cœur à cet effort extrême.

MARIANE
Oui.

VALÈRE
Et que le dessein que mon âme conçoit
N'est rien qu'à votre exemple.

MARIANE
À mon exemple, soit.

VALÈRE
Suffit : vous allez être à point nommé servie.

MARIANE

Tant mieux.

VALÈRE

Vous me voyez, c'est pour toute ma vie[1].

MARIANE

À la bonne heure.

VALÈRE

Euh ?

Il s'en va ; et, lorsqu'il est vers la porte, il se retourne[2].

MARIANE

Quoi ?

VALÈRE

Ne m'appelez-vous pas ?

MARIANE

Moi ? Vous rêvez.

VALÈRE

Hé bien ! je poursuis donc mes pas.
Adieu, Madame.

MARIANE

Adieu, Monsieur.

DORINE

Pour moi, je pense
Que vous perdez l'esprit par cette extravagance ;
Et je vous ai laissé tout du long quereller,
Pour voir où tout cela pourrait enfin aller.
Holà ! Seigneur Valère.

---

1. Vous ne me reverrez plus jamais. **2.** Et c'est à ce moment qu'il prononce : « Euh ? »

Elle va l'arrêter par le bras, et lui, fait mine de grande résistance.

VALÈRE

Hé ! que veux-tu, Dorine ?

DORINE

Venez ici.

VALÈRE

Non, non, le dépit me domine.
Ne me détourne point de ce qu'elle a voulu.

DORINE

Arrêtez.

VALÈRE

Non, vois-tu ? c'est un point résolu.

DORINE

Ah ! [1]

MARIANE

Il souffre à me voir, ma présence le chasse,
Et je ferai bien mieux de lui quitter la place.

DORINE

Elle quitte Valère et court à Mariane.

À l'autre. Où courez-vous ?

MARIANE

Laisse.

DORINE

Il faut revenir.

1. Exclamation d'impatience.

Mariane

Non, non, Dorine ; en vain tu veux me retenir.

Valère

Je vois bien que ma vue est pour elle un supplice,
Et sans doute il vaut mieux que je l'en affranchisse.

Dorine

Elle quitte Mariane et court à Valère.

Encor ? Diantre [1] soit fait de vous si je le veux !
Cessez ce badinage, et venez çà tous deux.

Elle les tire l'un et l'autre.

Valère

Mais quel est ton dessein ?

Mariane

Qu'est-ce que tu veux
[faire ?

Dorine

Vous bien remettre ensemble, et vous tirer d'affaire.
Êtes-vous fou d'avoir un pareil démêlé ?

Valère

N'as-tu pas entendu comme elle m'a parlé ?

Dorine

Êtes-vous folle, vous, de vous être emportée ?

Mariane

N'as-tu pas vu la chose, et comme il m'a traitée ?

1. « Terme populaire dont se servent ceux qui se font scrupule de nommer le Diable » (Furetière). Au vers suivant, « çà » : ici.

DORINE
Sottise des deux parts. Elle n'a d'autre soin
Que de se consacrer à vous, j'en suis témoin.
Il n'aime que vous seule, et n'a point d'autre envie
Que d'être votre époux ; j'en réponds sur ma vie.

MARIANE
Pourquoi donc me donner un semblable conseil ?

VALÈRE
Pourquoi m'en demander sur un sujet pareil ?

DORINE
Vous êtes fous tous deux. Çà [1], la main, l'un et l'autre.
Allons, vous.

VALÈRE, *en donnant sa main à Dorine*
À quoi bon ma main ?

DORINE
Ah ! çà, la vôtre.

MARIANE, *en donnant aussi sa main*
De quoi sert tout cela ?

DORINE
Mon Dieu ! vite, avancez.
Vous vous aimez tous deux plus que vous ne pensez.

VALÈRE
Mais ne faites donc point les choses avec peine,
Et regardez un peu les gens sans nulle haine.

Mariane tourne l'œil sur Valère et fait un petit souris.

DORINE
À vous dire le vrai, les amants sont bien fous !

---

1. « Interjection qui indique quelque commandement » (Richelet).

VALÈRE

Oh çà, n'ai-je pas lieu de me plaindre de vous ?
Et, pour n'en point mentir, n'êtes-vous pas
[méchante
De vous plaire à me dire une chose affligeante ?

MARIANE

Mais vous, n'êtes-vous pas l'homme le plus
[ingrat... ?

DORINE

Pour une autre saison laissons tout ce débat,
Et songeons à parer ce fâcheux mariage.

MARIANE

Dis-nous donc quels ressorts il faut mettre en usage [1].

DORINE

Nous en ferons agir [2] de toutes les façons.
Votre père se moque, et ce sont des chansons ;
Mais pour vous, il vaut mieux qu'à son extravagance
D'un doux consentement vous prêtiez l'apparence,
Afin qu'en cas d'alarme il vous soit plus aisé
De tirer en longueur [3] cet hymen proposé.
En attrapant [4] du temps, à tout on remédie.
Tantôt vous payerez de [5] quelque maladie,
Qui viendra tout à coup et voudra des délais ;
Tantôt vous payerez de présages mauvais :
Vous aurez fait d'un mort la rencontre fâcheuse [6],
Cassé quelque miroir, ou songé d'eau bourbeuse.
Enfin le bon de tout [7] c'est qu'à d'autres qu'à lui
On ne vous peut lier, que vous ne disiez « oui ».
Mais pour mieux réussir, il est bon, ce me semble,

---

1. À quels expédients recourir, pour éviter (« parer ») ce mariage ? 2. Jouer. 3. Retarder, différer. 4. Gagnant. 5. Vous invoquerez comme prétexte... 6. Elle aura croisé sur son chemin un enterrement. 7. Ce qu'il y a de sûr en tout cas ; « lui » désigne Valère ; « que vous ne disiez "oui" » : sans votre consentement.

Qu'on ne vous trouve point tous deux parlant
[ensemble.

À Valère.

Sortez, et sans tarder, employez vos amis,
Pour vous faire tenir ce qu'on vous a promis.
Nous allons réveiller les efforts de son frère [1],
Et dans notre parti jeter la belle-mère.
Adieu.

VALÈRE, *à Mariane*

Quelques efforts que nous préparions tous,
Ma plus grande espérance, à vrai dire, est en vous.

MARIANE, *à Valère*

Je ne vous réponds pas des volontés d'un père ;
Mais je ne serai point à d'autre qu'à Valère.

VALÈRE

Que vous me comblez d'aise ! Et quoi que puisse
[oser...

DORINE

Ah ! jamais les amants ne sont las de jaser.
Sortez, vous dis-je.

VALÈRE

Il fait un pas et revient.

Enfin...

---

1. Damis, le frère de Mariane, intéressé dans l'affaire, puisque, du mariage entre la jeune fille et Valère, dépend le sien avec la sœur de ce dernier : Dorine l'avertira dès l'entracte du projet que forme Orgon de donner à sa fille Tartuffe pour époux. On s'étonne un peu que Dorine oublie de mobiliser aussi Cléante, le frère d'Elmire, qui s'entremettra de si bonne grâce auprès de l'hypocrite en faveur de Damis, quand son père l'aura chassé de chez lui.

DORINE

Quel caquet est le vôtre !

Les poussant chacun par l'épaule.

Tirez [1] de cette part ; et vous, tirez de l'autre.

---

1. « Tirer : fuir, aller à grands pas vers quelque personne, ou vers quelque lieu » (Richelet).

ACTE III

Scène 1

Damis, Dorine

Damis

Que la foudre sur l'heure achève mes destins[1],
Qu'on me traite partout du plus grand des
[faquins[2]
S'il est aucun respect ni pouvoir qui m'arrête,
Et si je ne fais pas quelque coup de ma tête !

Dorine

De grâce, modérez un tel emportement :
Votre père n'a fait qu'en parler simplement[3].
On n'exécute pas tout ce qui se propose,
Et le chemin est long du projet à la chose.

Damis

Il faut que de ce fat[4] j'arrête les complots,

---

1. Damis souhaite ici le sort qui sert dans *Dom Juan* de châtiment pour l'impie. Défi blasphématoire lancé vers le Ciel par un jeune étourdi ? Orgon, qui reprochait à Cléante son penchant au libertinage, ne manquerait pas, s'il entendait ce que dit son fils, d'interpréter le mot « destins » comme une insulte à la divine Providence. **2.** « Un misérable, sans mérite, sans honneur et sans cœur » (Richelet). **3.** N'a fait simplement qu'en parler. Dorine reprend plus brièvement avec le frère ce qu'elle disait à la sœur (vers 795-814) presque à la fin de la dernière scène dans l'acte précédent. **4.** Cet « impertinent » (définition du mot « fat » par Richelet). Le mot désigne bien entendu Tartuffe.

Et qu'à l'oreille un peu je lui dise deux mots[1].

DORINE

Ha ! tout doux ! Envers lui, comme envers votre père,
Laissez agir les soins de votre belle-mère.
Sur l'esprit de Tartuffe elle a quelque crédit ;
Il se rend complaisant à tout ce qu'elle dit,
Et pourrait bien avoir douceur de cœur pour elle.
Plût à Dieu qu'il fût vrai ! la chose serait belle.
Enfin votre intérêt l'oblige à le mander[2] ;
Sur l'hymen[3] qui vous trouble elle veut le sonder,
Savoir ses sentiments, et lui faire connaître
Quels fâcheux démêlés il pourra faire naître,
S'il faut qu'à ce dessein il prête quelque espoir.
Son valet dit qu'il prie, et je n'ai pu le voir ;
Mais ce valet m'a dit qu'il s'en allait descendre[4].
Sortez donc, je vous prie, et me laissez[5] l'attendre.

DAMIS

Je puis être présent à tout cet entretien.

DORINE

Point. Il faut qu'ils soient seuls.

DAMIS

Je ne lui dirai rien.

DORINE

Vous vous moquez : on sait vos transports
[ordinaires
Et c'est le vrai moyen de gâter les affaires.
Sortez.

---

1. On songe à Rodrigue, dans *Le Cid* : « À moi, Comte, deux mots » (II, 2, début). Il s'agit d'un défi : Damis ne serait pas mécontent de pouvoir se mesurer avec Tartuffe sur le terrain... 2. C'est dans votre intérêt (celui de Mariane, et, par contrecoup, de Damis, puisque le mariage du frère est lié à celui de sa sœur) qu'elle demande à le voir. 3. Le projet de mariage entre Mariane et Tartuffe. 4. Qu'il allait bientôt descendre. 5. Laissez-moi.

DAMIS
Non : je veux voir, sans me mettre en courroux.

DORINE
Que vous êtes fâcheux ! Il vient. Retirez-vous [1].

Scène 2

TARTUFFE, LAURENT, DORINE

TARTUFFE, *apercevant Dorine*
Laurent, serrez ma haire avec ma discipline [2],

---

1. Damis se cache dans le « petit cabinet » attenant dont Tartuffe, à l'instigation d'Elmire, contrôlera qu'il est vide, à l'acte suivant (vers 1540). L'hypocrite, pour l'heure, se borne à tenir son rôle. Aucun motif encore n'éveille sa méfiance et ses soupçons : le tête-à-tête que l'épouse d'Orgon lui demande ne lui semble en rien assez compromettant pour qu'il craigne les oreilles indiscrètes. « Fâcheux » : « Qui ennuie, qui lasse et fatigue à cause de ses sottises » (Richelet). Donc : ennuyeux et fatigant. 2. « Mettre une chose en quelque endroit pour la garder », donc à l'abri des regards, pour « s'en servir en temps et lieu » (Richelet). Mettre sous clé (le verbe « serrer » appartient à la même famille que le mot « serrure »). Naturellement Tartuffe ne possède ni haire ni discipline. Ce vers est dit pour Dorine, lancé à la cantonade comme s'adressant à Laurent, invisible en coulisse, peut-être même absent. Mais il n'impressionne pas la servante, qui ne s'y laisse pas prendre. L'Onuphre de La Bruyère (*De la mode*, 24) « ne dit pas : ma haire et ma discipline, au contraire ; il passerait pour ce qu'il est, pour un hypocrite et il veut passer pour ce qu'il n'est pas, pour un homme dévot ». Mais l'auteur des *Caractères* s'empresse d'ajouter, ce qu'à la scène Molière ne pouvait montrer, qu'il se procurerait une haire ainsi qu'une discipline pour la galerie, et sans intention de s'en servir. Même prévenu, le spectateur de la pièce « marche » et donne dans le panneau mieux que Dorine : le vers se grave dans la mémoire, créant autour de ce sulfureux personnage on ne sait quelle aura d'édifiante piété : l'effet de cette entrée est saisissant. Le trait paraîtra gros, le comique très appuyé, presque trop. Mais, à le regarder de plus près, on s'aperçoit au contraire de sa délicate finesse. Car Tartuffe voudrait sans doute donner à croire qu'il vient de s'administrer la discipline et qu'il s'était, pour cet exercice, dépouillé de son cilice. Cependant, au lieu de le rendosser, il dit à « son garçon » de le ranger près de sa discipline,

Et priez que toujours le Ciel vous illumine[1],
Si l'on vient pour me voir, je vais aux prisonniers
Des aumônes que j'ai partager les deniers.

DORINE

Que d'affectation et de forfanterie !

TARTUFFE

Que voulez-vous ?

DORINE

Vous dire...

TARTUFFE

Il tire un mouchoir de sa poche.

Ah ! mon Dieu, je vous prie,
Avant que de parler prenez-moi ce mouchoir[2].

---

qui n'était apparemment pas sortie de son tiroir. Maladresse d'un lourdaud, qui farcit ses propos, à tort et à travers, de mots qu'il emprunte au vocabulaire de la dévotion et dont il semble connaître très vaguement l'emploi ? Peut-être. Mais, sans savoir encore qu'Elmire souhaite un entretien particulier avec lui, n'escompterait-il pas une occasion de lui déclarer, sincère ou jouée (car il semble uniquement poussé par sa lubricité), sa fervente passion pour elle : il ne va pas, de toute façon, paraître en sa présence avec une grossière chemise de crin, même dissimulée sous ses vêtements. « Haire : espèce de camisole sans manches, faite de crin de cheval, ou faite de chanvre et de crin » (Richelet) qu'on porte sous ses habits par esprit de mortification. « Discipline : espèce de fouet de parchemin tortillé ou de corde » *(ibid.)* dont on se flagelle par pénitence.

1. Vous éclaire. Mais le verbe employé par Molière évoque aussi le fanatisme de ceux qu'on appelait au XVIIe siècle des illuminés. Voir Furetière, dans l'article qu'il consacre au verbe « illuminer » qui « se dit figurément en choses spirituelles des lumières qui éclairent l'entendement. La foi est ce qui illumine nos âmes [...] ». Mais, ajoute-t-il, l'Église a condamné plusieurs hérétiques qui se sont appelés Illuminés, comme visionnaires et fanatiques. 2. Mouchoir de poche, « linge dont on se sert pour se moucher », ainsi promu « mouchoir de cou », autrement dit « linge dont les dames se cachent le cou », de même que la gorge, « pour se parer et s'ajuster » (Richelet).

DORINE

Comment ?

TARTUFFE

Couvrez ce sein que je ne saurais voir :
Par de pareils objets [1] les âmes sont blessées,
Et cela fait venir de coupables pensées.

DORINE

Vous êtes donc bien tendre [2] à la tentation,
Et la chair sur vos sens fait grande impression !
Certes, je ne sais pas quelle chaleur vous monte :
Mais à convoiter, moi, je ne suis point si prompte,
Et je vous verrais nu du haut jusques en bas,
Que toute votre peau ne me tenterait pas.

TARTUFFE

Mettez dans vos discours un peu de modestie [3]
Ou je vais sur-le-champ vous quitter la partie [4].

DORINE

Non, non, c'est moi qui vais vous laisser en repos,
Et je n'ai seulement qu'à vous dire deux mots.
Madame va venir dans cette salle basse [5],
Et d'un mot d'entretien vous demande la grâce.

TARTUFFE

Hélas ! [6] très volontiers.

DORINE, *en soi-même*

Comme il se radoucit !
Ma foi, je suis toujours pour ce que j'en ai dit [7].

---

1. Spectacles. **2.** Sensible. **3.** De pudeur. **4.** Vous fausser compagnie. **5.** Salle située au rez-de-chaussée. **6.** Soupir, non de crainte, mais de secrète satisfaction : il n'attendait que cela. **7.** Voir les vers 79-84 et 834-838.

TARTUFFE

Viendra-t-elle bientôt ?

DORINE

Je l'entends, ce me semble.
Oui, c'est elle en personne, et je vous laisse
[ensemble.

Scène 3

ELMIRE, TARTUFFE

TARTUFFE

Que le Ciel à jamais par sa toute bonté[1]
Et de l'âme et du corps vous donne la santé,
Et bénisse vos jours autant que le désire
Le plus humble de ceux que son amour inspire.

ELMIRE

Je suis fort obligée à ce souhait pieux.
Mais prenons une chaise, afin d'être un peu
[mieux.

TARTUFFE

Comment de votre mal vous sentez-vous remise ?

ELMIRE

Fort bien ; et cette fièvre a bientôt quitté prise.

TARTUFFE

Mes prières n'ont pas le mérite qu'il faut
Pour avoir attiré cette grâce d'en haut ;
Mais je n'ai fait au Ciel nulle dévote instance
Qui n'ait eu pour objet votre convalescence.

---

1. Expression formée sur le modèle de « toute-puissance ».

ELMIRE
Votre zèle pour moi s'est trop inquiété.

TARTUFFE
On ne peut trop chérir votre chère santé,
Et pour la rétablir j'aurais donné la mienne.

ELMIRE
C'est pousser bien avant la charité chrétienne,
Et je vous dois beaucoup pour toutes ces bontés.

TARTUFFE
Je fais bien moins pour vous que vous ne méritez.

ELMIRE
J'ai voulu vous parler en secret d'une affaire,
Et suis bien aise ici qu'aucun ne nous éclaire[1].

TARTUFFE
J'en suis ravi de même, et sans doute il m'est
[doux,
Madame, de me voir seul à seul avec vous ;
C'est une occasion qu'au Ciel j'ai demandée,
Sans que jusqu'à cette heure il me l'ait accordée.

ELMIRE
Pour moi, ce que je veux, c'est un mot d'entretien,
Où tout votre cœur s'ouvre, et ne me cache rien.

TARTUFFE
Et je ne veux aussi pour grâce singulière
Que montrer à vos yeux mon âme tout entière,
Et vous faire serment que les bruits que j'ai faits
Des visites qu'ici reçoivent vos attraits
Ne sont pas envers vous l'effet d'aucune haine,
Mais plutôt d'un transport de zèle qui m'entraîne,
Et d'un pur mouvement...

1. « Éclairer : observer les actions de quelqu'un » (Richelet).

ELMIRE

Je le prends bien aussi,
Et crois que mon salut vous donne ce souci.

TARTUFFE

Il lui serre le bout des doigts.

Oui, Madame, sans doute, et ma ferveur est telle...

ELMIRE

Ouf ! vous me serrez trop.

TARTUFFE

C'est par excès de zèle.
De vous faire aucun mal je n'eus jamais dessein,
Et j'aurais bien plutôt...

Il lui met la main sur le genou.

ELMIRE

Que fait là votre main ?

TARTUFFE

Je tâte votre habit : l'étoffe en est moelleuse.

ELMIRE

Ah ! de grâce, laissez, je suis fort chatouilleuse.

Elle recule sa chaise, et Tartuffe rapproche la sienne.

TARTUFFE

Mon Dieu ! que de ce point[1] l'ouvrage est
[merveilleux !
On travaille aujourd'hui d'un air[2] miraculeux ;
Jamais, en toute chose, on n'a vu si bien faire.

---

1. De cette dentelle. 2. « Manière, façon » (Richelet).

ELMIRE

Il est vrai. Mais parlons un peu de notre affaire.
On tient que mon mari veut dégager sa foi[1]
Et vous donner sa fille. Est-il vrai, dites-moi ?

TARTUFFE

Il m'en a dit deux mots ; mais, Madame, à vrai dire,
Ce n'est pas le bonheur après quoi je soupire ;
Et je vois autre part les merveilleux attraits
De la félicité qui fait tous mes souhaits.

ELMIRE

C'est que vous n'aimez rien des choses de la terre.

TARTUFFE

Mon sein n'enferme pas un cœur qui soit de
[pierre.

ELMIRE

Pour moi, je crois qu'au Ciel tendent tous vos
Et que rien ici-bas n'arrête vos désirs. [soupirs,

TARTUFFE

L'amour qui nous attache aux beautés éternelles
N'étouffe pas en nous l'amour des temporelles ;
Nos sens facilement peuvent être charmés
Des ouvrages parfaits que le Ciel a formés.
Ses attraits réfléchis[2] brillent dans vos pareilles ;
Mais il étale en vous ses plus rares merveilles.
Il a sur votre face épanché des beautés
Dont les yeux sont surpris[3], et les cœurs
[transportés,
Et je n'ai pu vous voir, parfaite créature,
Sans admirer en vous l'auteur de la nature,

---

1. Reprendre la parole qu'il a donnée (à Valère, de lui accorder la main de Mariane). **2.** Le reflet de sa souveraine perfection. **3.** Séduit, par surprise et sans pouvoir y résister.

Et d'une [1] ardente amour sentir mon cœur atteint,
Au plus beau des portraits où lui-même il s'est peint.
D'abord j'appréhendai que cette ardeur secrète
Ne fût du noir esprit une surprise adroite [2] ;
Et même à fuir vos yeux mon cœur se résolut,
Vous croyant un obstacle à faire mon salut.
Mais enfin je connus, ô beauté toute aimable,
Que cette passion peut n'être point coupable,
Que je puis l'ajuster [3] avecque la pudeur,
Et c'est ce qui m'y fait abandonner mon cœur.
Ce m'est, je le confesse, une audace bien grande
Que d'oser de ce cœur vous adresser l'offrande ;
Mais j'attends en mes vœux tout de votre bonté,
Et rien des vains efforts de mon infirmité [4] ;
En vous est mon espoir, mon bien, ma quiétude,
De vous dépend ma peine ou ma béatitude [5],
Et je vais être enfin, par votre seul arrêt,
Heureux, si vous voulez, malheureux, s'il vous plaît.

ELMIRE

La déclaration est tout à fait galante,
Mais elle est, à vrai dire, un peu bien surprenante,
Vous deviez, ce me semble, armer mieux
[votre sein [6],
Et raisonner un peu sur un pareil dessein.
Un dévot comme vous, et que partout on nomme...

TARTUFFE

Ah ! pour être dévot, je n'en suis pas moins
[homme [7] ;
Et lorsqu'on vient à voir vos célestes appas,

---

1. Amour, au XVIIe siècle, peut, même au singulier, s'employer au féminin.
2. Vaugelas constate que, *droit* se prononçant *drait, adroite* rime avec *secrète*. Le « noir esprit » : le Malin. 3. La concilier, la rendre compatible. « Avecque » : graphie ancienne, imposée par la scansion (de même, au vers 867, pour « jusques »). 4. « Faiblesse de la nature de l'homme » (Richelet). 5. « Terme de piété », spécifie Richelet. « Il ne se dit guère que de la félicité éternelle », confirme le *Dictionnaire de l'Académie française* (1694). 6. Vous auriez dû mieux vous défendre. 7. Parodie de *Sertorius*, tragédie de Pierre Corneille, représentée en 1662 sur la scène du Marais : « Ah ! pour être

Un cœur se laisse prendre, et ne raisonne pas.
Je sais qu'un tel discours de moi paraît étrange ;
Mais, Madame, après tout, je ne suis pas un ange ;
Et si vous condamnez l'aveu que je vous fais,
Vous devez vous en prendre à vos charmants [attraits.
Dès que j'en vis briller la splendeur plus [qu'humaine,
De mon intérieur[1] vous fûtes souveraine ;
De vos regards divins l'ineffable douceur
Força la résistance où s'obstinait mon cœur ;
Elle surmonta tout, jeûnes, prières, larmes,
Et tourna tous mes vœux du côté de vos charmes.
Mes yeux et mes soupirs vous l'ont dit mille fois,
Et pour mieux m'expliquer j'emploie ici la voix.
Que si vous contemplez d'une âme un peu bénigne[2]
Les tribulations[3] de votre esclave indigne,
S'il faut que vos bontés veuillent me consoler
Et jusqu'à mon néant daignent se ravaler,
J'aurai toujours pour vous, ô suave merveille,
Une dévotion à nulle autre pareille.
Votre honneur avec moi ne court point de hasard,
Et n'a nulle disgrâce à craindre de ma part.
Tous ces galants de cour, dont les femmes sont folles,
Sont bruyants dans leurs faits et vains[4] dans leurs [paroles,
De leurs progrès[5] sans cesse on les voit se targuer ;

Romain, je n'en suis pas moins homme » (vers 1194). Mais cf. aussi Boccace, *Décaméron*, III, 8, traduction d'Antoine Le Maçon : « encores que je soys abbé, je suis homme comme les autres », etc.

1. « Ce mot se dit ordinairement en parlant des choses de la conscience et des choses de piété. Il signifie cœur, âme » (Richelet). **2.** « Doux, favorable, humain, qui fait du bien. Le mot de bénin se dit en parlant des astres et des cieux, mais hors de là il ne se dit guère qu'en riant » (Richelet). **3.** « Ce mot se dit dans un style grave et où l'on veut imiter le langage de l'Écriture. Il se dit aussi en raillant » (Richelet). Furetière le donne uniquement pour « terme de dévotion ». **4.** Manquent de discrétion dans leur conduite. Vaniteux dans leurs propos : ils divulguent, par vanité, leurs bonnes fortunes. **5.** Des progrès qu'ils ont accomplis dans leurs entreprises de séduction.

Ils n'ont point de faveurs qu'ils n'aillent
[divulguer[1] ;
Et leur langue indiscrète, en qui l'on se confie,
Déshonore l'autel[2] où leur cœur sacrifie.
Mais les gens comme nous brûlent d'un feu
[discret,
Avec qui pour toujours on est sûr du secret :
Le soin que nous prenons de notre renommée
Répond de toute chose à la personne aimée,
Et c'est en nous qu'on trouve, acceptant notre cœur,
De l'amour sans scandale et du plaisir sans peur.

ELMIRE

Je vous écoute dire, et votre rhétorique[3]
En termes assez forts à mon âme s'explique.
N'appréhendez-vous point que je ne sois d'humeur
À dire à mon mari cette galante ardeur,
Et que le prompt avis d'un amour de la sorte
Ne pût bien altérer l'amitié qu'il vous porte ?

TARTUFFE

Je sais que vous avez trop de bénignité[4],
Et que vous ferez grâce à ma témérité,
Que vous m'excuserez sur l'humaine faiblesse
Des violents transports d'un amour qui vous blesse,
Et considérerez, en regardant votre air,
Que l'on n'est pas aveugle, et qu'un homme est
[de chair.

---

1. Aussitôt qu'ils les ont obtenues de leur maîtresse. Au vers suivant, « l'on » représente la personne aimée par l'un de ces galants indélicats. **2.** « Mot poétique, pour dire une personne qu'on honore, honneurs suprêmes qu'on rend à une personne, soit maîtresse ou autre » (Richelet, qui cite ce passage, et rapportait de même, à l'article « Suave », les vers 985-986). Pour les vers suivants, cf. Régnier, *Satire XIII (Macette)*, vers 137-140. **3.** Votre « éloquence » (Furetière, au mot « Rhétorique »). **4.** D'indulgence et de douceur.

ELMIRE

D'autres prendraient cela d'autre façon peut-être ;
Mais ma discrétion se veut faire paraître.
Je ne redirai point l'affaire à mon époux ;
Mais je veux en revanche une chose de vous :
C'est de presser tout franc et sans nulle chicane
L'union de Valère avecque Mariane,
De renoncer vous-même à l'injuste pouvoir
Qui veut du bien d'un autre [1] enrichir votre espoir,
Et...

Scène 4

DAMIS, ELMIRE, TARTUFFE

DAMIS, *sortant du petit cabinet où il s'était retiré*

Non, Madame, non : ceci doit se répandre.
J'étais en cet endroit, d'où j'ai pu tout entendre ;
Et la bonté du Ciel m'y semble avoir conduit
Pour confondre l'orgueil d'un traître qui me nuit,
Pour m'ouvrir une voie à prendre la vengeance [2]
De son hypocrisie et de son insolence,
À détromper mon père, et lui mettre en plein jour
L'âme d'un scélérat qui vous parle d'amour.

ELMIRE

Non, Damis : il suffit qu'il se rende plus sage,
Et tâche à mériter la grâce où je m'engage [3].
Puisque je l'ai promis, ne m'en dédites pas.
Ce n'est point mon humeur de faire des éclats :
Une femme se rit de sottises pareilles,
Et jamais d'un mari n'en trouble les oreilles.

---

1. De Valère, puisque Mariane lui était promise. **2.** Un moyen de le punir. **3.** S'efforce de mériter le pardon que je lui offrirai s'il accepte de renoncer à épouser Mariane.

DAMIS

Vous avez vos raisons pour en user ainsi,
Et pour faire autrement j'ai les miennes aussi.
Le vouloir épargner est une raillerie ;
Et l'insolent orgueil de sa cagoterie[1],
N'a triomphé que trop de mon juste courroux,
Et que trop excité de désordres chez nous.
Le fourbe trop longtemps a gouverné mon père[2],
Et desservi mes feux avec ceux de Valère.
Il faut que du perfide il soit désabusé,
Et le Ciel pour cela m'offre un moyen aisé.
De cette occasion je lui suis redevable,
Et pour la négliger, elle est trop favorable[3] ;
Ce serait mériter qu'il me la vînt ravir
Que de l'avoir en main et ne m'en pas servir.

ELMIRE

Damis...

DAMIS

Non, s'il vous plaît, il faut que je me croie[4].
Mon âme est maintenant au comble de sa joie ;
Et vos discours en vain prétendent m'obliger
À quitter le plaisir de me pouvoir venger.
Sans aller plus avant, je vais vuider[5] d'affaire ;
Et voici justement de quoi me satisfaire[6],

---

1. « Fausse dévotion, hypocrisie. Il y a bien des gens qui font fortune par la cagoterie » (Furetière). **2.** Pris de l'ascendant sur mon père (représenté par le pronom « il » au vers 1043). **3.** Trop favorable pour que je la néglige. **4.** Que je suive mon idée. Aux vers suivants, « vos discours » : tout ce que vous me dites. **5.** « Vuider : terminer, finir, décider » (Richelet). En somme : liquider cette affaire. **6.** Satisfaire mon envie.

Scène 5

ORGON, DAMIS, TARTUFFE, ELMIRE

DAMIS

Nous allons régaler[1], mon père, votre abord
D'un incident tout frais qui vous surprendra fort.
Vous êtes bien payé de toutes vos caresses[2],
Et monsieur d'un beau prix reconnaît vos
[tendresses.
Son grand zèle pour vous vient de se déclarer :
Il ne va pas à moins qu'à vous déshonorer ;
Et je l'ai surpris là qui faisait à Madame
L'injurieux aveu d'une coupable flamme.
Elle est d'une humeur douce, et son cœur trop
Voulait à toute force en garder le secret ; [discret
Mais je ne puis flatter[3] une telle impudence.
Et crois que vous la taire est vous faire une
[offense.

ELMIRE

Oui, je tiens que jamais de tous ces vains propos
On ne doit d'un mari traverser[4] le repos,
Que ce n'est point de là que l'honneur peut
[dépendre,
Et qu'il suffit pour nous[5] de savoir nous défendre :
Ce sont mes sentiments ; et vous n'auriez rien dit,
Damis, si j'avais eu sur vous quelque crédit.

---

1. « Ce mot se dit quelquefois en riant [c'est-à-dire ironiquement], pour dire donner de la peine, du chagrin, de l'embarras et des affaires » (Richelet, qui se réfère à ce passage). **2.** « Caresse : témoignage extérieur d'amitié, d'amour ou de bienveillance » (Richelet). Au vers suivant, « prix » : récompense. **3.** « Excuser par complaisance » (Furetière). **4.** « Traverser : troubler » (Richelet). **5.** « Nous » : les femmes mariées.

Scène 6

Orgon, Damis, Tartuffe

Orgon

Ce que je viens d'entendre, ô Ciel ! est-il
[croyable ?

Tartuffe

Oui, mon frère, je suis un méchant, un coupable,
Un malheureux pécheur, tout plein d'iniquité[1],
Le plus grand scélérat qui jamais ait été ;
Chaque instant de ma vie est chargé de souillures ;
Elle n'est qu'un amas de crimes et d'ordures[2] ;
Et je vois que le Ciel, pour ma punition,
Me veut mortifier[3] en cette occasion.
De quelque grand forfait qu'on me puisse
[reprendre[4]
Je n'ai garde d'avoir l'orgueil de m'en défendre.
Croyez ce qu'on vous dit, armez votre courroux[5],
Et comme un criminel chassez-moi de chez vous :
Je ne saurais avoir tant de honte en partage,
Que je n'en aie encor mérité davantage.

---

1. « Ce mot d'iniquité et celui d'inique sont consacrés aux matières de piété. Iniquité veut dire méchanceté » (Richelet). « On s'en sert [...] pour signifier le péché, la corruption de la nature et des mœurs, le débordement des vices » (*Dictionnaire de l'Académie*, 1694). 2. « Ordures : infamie, dérèglement de vie, honte, déshonneur » (Richelet). 3. « Recevoir quelque honte, quelque déplaisir. Quand on découvre l'hypocrisie d'un cagot, cela le mortifie beaucoup » (Furetière). Mais ici Tartuffe feint de recevoir l'accusation portée contre lui, sans chercher à la démentir, comme une mortification infligée par le Ciel pour mettre à l'épreuve sa sainteté : loin de se défendre, il affecte, se conformant au précepte évangélique, lorsqu'on le frappe sur une joue, de tendre l'autre. Renchérir sur le réquisitoire, dans une mauvaise cause, peut permettre au coupable, comme ici, d'obtenir son acquittement mieux que par tout autre moyen de défense, tant cette humilité paraît édifiante. 4. Accuser. Au vers suivant, « je n'ai garde » : je me garde bien. 5. Animez votre courroux à prendre contre moi les armes.

ORGON, *à son fils*

Ah ! traître, oses-tu bien par cette fausseté
Vouloir de sa vertu ternir la pureté ?

DAMIS

Quoi ? la feinte douceur de cette âme hypocrite
Vous fera démentir... [1] ?

ORGON

Tais-toi, peste maudite.

TARTUFFE

Ah ! laissez-le parler : vous l'accusez à tort,
Et vous ferez bien mieux de croire à son rapport,
Pourquoi sur un tel fait m'être si favorable ?
Savez-vous, après tout, de quoi je suis capable ?
Vous fiez-vous, mon frère, à mon extérieur ?
Et, pour tout ce qu'on voit, me croyez-vous
[meilleur ?
Non, non : vous vous laissez tromper à
[l'apparence,
Et je ne suis rien moins, hélas ! que ce qu'on
[pense ;
Tout le monde me prend pour un homme de
Mais la vérité pure est que je ne vaux rien. [bien ;

S'adressant à Damis.

Oui, mon cher fils, parlez ; traitez-moi de perfide,
D'infâme, de perdu [2], de voleur, d'homicide ;
Accablez-moi de noms encor plus détestés :
Je n'y contredis point, je les ai mérités ;
Et j'en veux à genoux souffrir l'ignominie,

1. Refuser de croire (« à ce qui crève les yeux », poursuivrait sans doute Damis, si son père ne l'interrompait). 2. De criminel irrécupérable.

Comme une honte due aux crimes de ma vie[1].

ORGON, *à Tartuffe*

Mon frère, c'en est trop.

À son fils.

Ton cœur ne se rend
[point,

Traître !

DAMIS

Quoi ! ses discours vous séduiront au
[point...

ORGON

Tais-toi, pendard !

À Tartuffe.

Mon frère, eh ! levez-vous, de
[grâce !

À son fils.

Infâme !

DAMIS

Il peut...

---

1. Cf. Montufar, dans la nouvelle des *Hypocrites*, adaptée de l'espagnol par Scarron : « Je suis le méchant, disait-il à ceux qui le voulurent entendre : je suis le pécheur, je suis celui qui n'ai jamais rien fait d'agréable aux yeux de Dieu. Pensez-vous, continuait-il, parce que vous me voyez vêtu en homme de bien, que je n'ai pas été toute ma vie un larron, le scandale des autres, et la perdition de moi-même ? Vous êtes trompés, mes frères, faites-moi le but de vos injures et de vos pierres, et tirez sur moi vos épées. » Après avoir dit ces paroles avec une fausse douceur, il s'alla jeter avec un zèle encore plus faux aux pieds de son ennemi, et les lui baisant, non seulement il lui demanda pardon ; mais aussi il alla ramasser son épée, son manteau et son chapeau, qui s'étaient perdus dans la confusion. » Etc. Considéré comme un saint, à la suite de ce geste, il est accueilli partout : « Si on lui demandait son nom, il répondait qu'il était l'animal, la bête de charge, le cloaque d'ordure, le vaisseau d'iniquités et autres pareils attributs que lui dictait sa dévotion étudiée. »

ORGON
Tais-toi.

DAMIS
J'enrage ! Quoi ? je passe... [1]

ORGON
Si tu dis un seul mot, je te romprai les bras.

TARTUFFE
Mon frère, au nom de Dieu, ne vous emportez pas.
J'aimerais mieux souffrir la peine la plus dure,
Qu'il eût reçu pour moi la moindre égratignure [2].

ORGON, *à son fils*
Ingrat !

TARTUFFE
Laissez-le [3] en paix. S'il faut, à deux
Vous demander sa grâce... [genoux,

ORGON, *à Tartuffe*
Hélas ! vous moquez-vous ?

À son fils.

Coquin ! vois sa bonté.

DAMIS
Donc...

ORGON
Paix !

---

1. Damis allait dire : « pour un imposteur ». 2. Plutôt que de me savoir cause (« pour moi ») de la moindre égratignure qu'il pourrait recevoir. 3. Le compte des syllabes exige l'élision du pronom « le » sur la voyelle initiale du mot suivant. Il faut prononcer comme s'il y avait ; laissez l'en paix.

DAMIS

Quoi ? je...

ORGON

Paix ! dis-je.
Je sais bien quel motif à l'attaquer t'oblige :
Vous le haïssez tous ; et je vois aujourd'hui
Femme, enfants et valets déchaînés contre lui ;
On met impudemment toute chose en usage,
Pour ôter de chez moi ce dévot personnage.
Mais plus on fait d'efforts afin de l'en bannir,
Plus j'en veux employer à l'y mieux retenir ;
Et je vais me hâter de lui donner ma fille,
Pour confondre[1] l'orgueil de toute ma famille...

DAMIS

À recevoir sa main on pense l'obliger ?

ORGON

Oui, traître, et dès ce soir, pour vous faire enrager.
Ah ! je vous brave tous, et vous ferai connaître
Qu'il faut qu'on m'obéisse et que je suis le maître.
Allons, qu'on se rétracte, et qu'à l'instant, fripon,
On se jette à ses pieds pour demander pardon.

DAMIS

Qui, moi ? de ce coquin, qui, par ses impostures...

ORGON

Ah ! tu résistes, gueux, et lui dis des injures ?
Un bâton ! un bâton !

À Tartuffe.

Ne me retenez pas.

---

1. Infliger un camouflet à toute ma famille et la punir de son mépris pour Tartuffe. On voit ici qu'Orgon s'illusionne moins déjà sur le compte de son protégé que pouvait le laisser croire à l'acte II, scène 2, vers 493-494, ce qu'il disait sur l'authenticité de la noblesse que s'arroge Tartuffe.

À son fils.

Sus, que de ma maison on sorte de ce pas,
Et que d'y revenir on n'ait jamais l'audace.

DAMIS

Oui, je sortirai ; mais...

ORGON

Vite, quittons la place.
Je te prive, pendard, de ma succession,
Et te donne de plus ma malédiction.

Scène 7

ORGON, TARTUFFE

ORGON

Offenser de la sorte une sainte personne !

TARTUFFE

Ô Ciel ! pardonne-lui la douleur qu'il me donne [1] !

À Orgon.

Si vous pouviez savoir avec quel déplaisir [2],
Je vois qu'envers mon frère on tâche à me
[noircir...

ORGON

Hélas !

---

1. On trouve, mais au XVIIIe siècle seulement, trace d'une tradition suivant laquelle, primitivement, le vers 1142 se présentait sous cette forme : « Ô Ciel ! pardonne-lui comme je lui pardonne. » Voltaire, en 1739, en cite cette version, plus proche encore du *Pater* : « Ô Ciel ! pardonne-moi comme je lui pardonne. » Rien ne permet de garantir l'authenticité de cette seconde variante, ni même de la première. 2. « Déplaisir » au sens fort de : profond chagrin. « Mon frère », au vers suivant, désigne Orgon.

TARTUFFE

Le seul penser de cette ingratitude
Fait souffrir à mon âme un supplice si rude...
L'horreur que j'en conçois... J'ai le cœur si serré,
Que je ne puis parler, et crois que j'en mourrai.

ORGON

Il court tout en larmes à la porte par où il a chassé son fils.

Coquin ! je me repens que ma main t'ait fait grâce,
Et ne t'ait pas d'abord[1] assommé sur la place.
Remettez-vous, mon frère, et ne vous fâchez pas.

TARTUFFE

Rompons, rompons le cours de ces fâcheux débats.
Je regarde céans quels grands troubles j'apporte,
Et crois qu'il est besoin, mon frère, que j'en sorte.

ORGON

Comment ? vous moquez-vous ?

TARTUFFE

On m'y hait, et je
[voi[2]
Qu'on cherche à vous donner des soupçons de ma
[foi[3].

ORGON

Qu'importe ? Voyez-vous que mon cœur les
[écoute ?

TARTUFFE

On ne manquera pas de poursuivre, sans doute ;

---

1. D'emblée. « Sur la place » : sur place et sur-le-champ. 2. Graphie à conserver pour assurer la rime « pour l'œil », exigée par Malherbe. 3. De ma fidélité.

Et ces mêmes rapports qu'ici vous rejetez
Peut-être une autre fois seront-ils écoutés.

ORGON

Non, mon frère, jamais.

TARTUFFE

Ah ! mon frère, une
[femme
Aisément d'un mari peut bien surprendre[1] l'âme.

ORGON

Non, non.

TARTUFFE

Laissez-moi vite, en m'éloignant d'ici,
Leur ôter tout sujet de m'attaquer ainsi.

ORGON

Non, vous demeurerez : il y va de ma vie.

TARTUFFE

Hé bien ! il faudra donc que je me mortifie[2].
Pourtant, si vous vouliez...

ORGON

Ah !

TARTUFFE

Soit : n'en parlons
[plus.
Mais je sais comme[3] il faut en user là-dessus.
L'honneur est délicat, et l'amitié m'engage
À prévenir les bruits et les sujets d'ombrage[4]
Je fuirai votre épouse, et vous ne me verrez...

---

1. « Abuser, décevoir, jeter dans l'erreur » (Richelet). 2. Que je m'expose à recevoir des avanies. 3. Comment. 4. À ne pas donner prise aux racontars, ni matière aux soupçons jaloux d'Orgon sur la fidélité d'Elmire.

ORGON

Non, en dépit de tous, vous la fréquenterez.
Faire enrager le monde est ma plus grande joie,
Et je veux qu'à toute heure avec elle on vous voie.
Ce n'est pas tout encor : pour les mieux braver [tous,
Je ne veux point avoir d'autre héritier que vous,
Et je vais de ce pas, en fort bonne manière[1],
Vous faire de mon bien donation entière.
Un bon et franc ami, que pour gendre je prends,
M'est bien plus cher que fils, que femme, et que [parents.
N'accepterez-vous pas ce que je vous propose ?

TARTUFFE

La volonté du Ciel soit faite en toute chose.

ORGON

Le pauvre homme ! Allons vite en dresser un écrit,
Et que puisse l'envie en crever de dépit !

---

1. De manière qu'on ne puisse attaquer cet acte pour vice de forme.

ACTE IV

Scène 1

CLÉANTE, TARTUFFE

CLÉANTE

Oui, tout le monde en parle, et vous m'en pouvez [croire,
L'éclat que fait ce bruit n'est point à votre gloire ;
Et je vous ai trouvé, Monsieur, fort à propos,
Pour vous en dire net ma pensée en deux mots.
Je n'examine point à fond ce qu'on expose[1] ;
Je passe là-dessus, et prends au pis la chose[2].
Supposons que Damis n'en ait pas bien usé,
Et que ce soit à tort qu'on vous ait accusé :
N'est-il pas d'un chrétien de pardonner l'offense,
Et d'éteindre en son cœur tout désir de [vengeance ?
Et devez-vous souffrir, pour votre démêlé[3],
Que du logis d'un père un fils soit exilé ?
Je vous le dis encore, et parle avec franchise,
Il n'est petit ni grand qui ne s'en scandalise ;
Et si vous m'en croyez, vous pacifierez tout,
Et ne pousserez point les affaires à bout[4],
Sacrifiez à Dieu toute votre colère,
Et remettez le fils en grâce avec le père.

---

1. Dans quelle mesure ce qui se dit est fondé. **2.** J'admets l'hypothèse la plus défavorable à Damis (c'est-à-dire que l'accusation portée contre Tartuffe par le jeune homme soit une pure calomnie, et que de son côté se trouve le tort). **3.** À cause de votre différend avec Damis. **4.** Jusqu'à leurs conséquences extrêmes.

TARTUFFE

Hélas ! je le voudrais, quant à moi, de bon cœur :
Je ne garde pour lui, Monsieur, aucune aigreur ;
Je lui pardonne tout, de rien je ne le blâme,
Et voudrais le servir du meilleur de mon âme ;
Mais l'intérêt du Ciel n'y saurait consentir,
Et s'il rentre céans, c'est à moi d'en sortir.
Après son action, qui n'eut jamais d'égale[1],
Le commerce entre nous porterait du scandale[2] :
Dieu sait ce que d'abord tout le monde en croirait !
À pure politique on me l'imputerait ;
Et l'on dirait partout que, me sentant coupable,
Je feins pour qui m'accuse un zèle charitable,
Que mon cœur l'appréhende et veut le ménager,
Pour le pouvoir sous main au silence engager.

CLÉANTE

Vous nous payez ici d'excuses colorées[3].
Et toutes vos raisons, Monsieur, sont trop tirées.
Des intérêts du Ciel pourquoi vous chargez-vous ?
Pour punir le coupable a-t-il besoin de nous ?
Laissez-lui, laissez-lui le soin de ses vengeances ;
Ne songez qu'au pardon qu'il prescrit des offenses ;
Et ne regardez point aux jugements humains[4],
Quand vous suivez du Ciel les ordres souverains.
Quoi ? le faible intérêt de ce qu'on pourra croire
D'une bonne action empêchera la gloire ?

---

1. Son procédé inouï. **2.** Je ne puis plus continuer à le fréquenter sans que cela cause du scandale. Tartuffe serait soupçonné de chercher à l'amadouer pour qu'il se taise, de sorte qu'on supposerait que cette fausse réconciliation avec son accusateur cacherait de sa part un calcul et qu'il n'aurait passé l'éponge sur l'incartade à laquelle s'est livré Damis à son encontre que pour des motifs où n'entreraient en rien la charité chrétienne et son désintéressement, mais purement conformes à la ligne de conduite qu'il s'est tracée. **3.** « Colorer : donner une belle apparence à quelque chose de mauvais » (*Dictionnaire de l'Académie française*, 1694). Autrement dit, ces « excuses colorées » ne constituent que des sophismes, et les arguments de Tartuffe sont tirés par les cheveux. **4.** Ne prenez pas en considération l'opinion publique, le qu'en-dira-t-on.

Non, non : faisons toujours ce que le Ciel prescrit,
Et d'aucun autre soin ne nous brouillons l'esprit.

TARTUFFE

Je vous ai déjà dit que mon cœur lui pardonne,
Et c'est faire, Monsieur, ce que le Ciel ordonne ;
Mais après le scandale et l'affront d'aujourd'hui,
Le Ciel n'ordonne pas que je vive avec lui.

CLÉANTE

Et vous ordonne-t-il, Monsieur, d'ouvrir l'oreille
À ce qu'un pur caprice à son père conseille,
Et d'accepter le don qui vous est fait d'un bien
Où le droit vous oblige à ne prétendre rien ?

TARTUFFE

Ceux qui me connaîtront n'auront pas la pensée
Que ce soit un effet d'une âme intéressée [1].
Tous les biens de ce monde ont pour moi peu d'appas,
De leur éclat trompeur je ne m'éblouis pas ;
Et si je me résous à recevoir du père
Cette donation qu'il a voulu me faire,
Ce n'est, à dire vrai, que parce que je crains
Que tout ce bien ne tombe en de méchantes mains,
Qu'il ne trouve des gens qui, l'ayant en partage,
En fassent dans le monde un criminel usage,
Et ne s'en servent pas, ainsi que j'ai dessein,
Pour la gloire du Ciel et le bien du prochain.

CLÉANTE

Hé, Monsieur, n'ayez point ces délicates craintes,
Qui d'un juste héritier peuvent causer les plaintes ;
Souffrez, sans vous vouloir embarrasser de rien,
Qu'il soit à ses périls possesseur de son bien ;
Et songez qu'il vaut mieux encor qu'il en mésuse,
Que si de l'en frustrer il faut qu'on vous accuse.

---

1. Que ce soit par intérêt.

J'admire seulement que sans confusion
Vous en ayez souffert la proposition ;
Car enfin le vrai zèle a-t-il quelque maxime
Qui montre à dépouiller l'héritier légitime ?
Et s'il faut que le Ciel dans votre cœur ait mis
Un invincible obstacle à vivre avec Damis,
Ne vaudrait-il pas mieux qu'en personne discrète
Vous fissiez de céans une honnête retraite,
Que de souffrir ainsi, contre toute raison,
Qu'on en chasse pour vous le fils de la maison ?
Croyez-moi, c'est donner de votre prud'homie[1].
Monsieur...

TARTUFFE

Il est, Monsieur, trois heures et demie :
Certain devoir pieux me demande là-haut,
Et vous m'excuserez de vous quitter sitôt.

CLÉANTE

Ah !

Scène 2

ELMIRE, MARIANE, DORINE, CLÉANTE

DORINE

De grâce, avec nous employez-vous pour elle,
Monsieur : son âme souffre une douleur mortelle ;
Et l'accord que son père a conclu pour ce soir
La fait, à tous moments, entrer en désespoir.
Il va venir. Joignons nos efforts, je vous prie,
Et tâchons d'ébranler, de force ou d'industrie[2],
Ce malheureux dessein[3] qui nous a tous troublés.

---

1. « Probité » (*Dictionnaire de l'Académie française*, édition de 1694), sentiment de la justice et de l'honnêteté. 2. « Adresse, esprit de faire quelque chose » (Richelet). 3. Celui de son mariage avec Tartuffe.

Scène 3

ORGON, ELMIRE, MARIANE, CLÉANTE, DORINE

ORGON

Ha ! je me réjouis de vous voir assemblés :

À Mariane.

Je porte en ce contrat de quoi vous faire rire,
Et vous savez déjà ce que cela veut dire.

MARIANE, *à genoux*

Mon père, au nom du Ciel, qui connaît ma
[douleur,
Et par tout ce qui peut émouvoir votre cœur,
Relâchez-vous un peu des droits de la naissance[1],
Et dispensez mes vœux de cette obéissance ;
Ne me réduisez point par cette dure loi
Jusqu'à me plaindre au Ciel de ce que je vous
[doi[2],
Et cette vie, hélas ! que vous m'avez donnée,
Ne me la rendez pas, mon père, infortunée.
Si, contre un doux espoir que j'avais pu former,
Vous me défendez d'être à ce que j'ose aimer,
Au moins, par vos bontés, qu'à vos genoux
[j'implore,
Sauvez-moi du tourment d'être à ce que j'abhorre,
Et ne me portez point à quelque désespoir,
En vous servant sur moi de tout votre pouvoir.

ORGON, *se sentant attendrir*

Allons, ferme[3], mon cœur, point de faiblesse
[humaine.

---

1. N'usez pas de toute votre puissance paternelle et ne m'imposez pas une obéissance qui contrarierait mes plus chers désirs. **2.** L'existence, comme on le voit par le vers suivant ; « doi » : graphie archaïque, permettant la rime pour l'œil. **3.** « Sorte d'adverbe » (Richelet) exhortant à ne pas céder, à tenir bon, même si l'on se sent faiblir.

MARIANE

Vos tendresses pour lui ne me font point de
Faites-les éclater, donnez-lui votre bien, [peine ;
Et, si ce n'est assez, joignez-y tout le mien :
J'y consens de bon cœur, et je vous l'abandonne ;
Mais au moins n'allez pas jusques à ma personne,
Et souffrez qu'un couvent dans les austérités
Use les tristes jours que le Ciel m'a comptés.

ORGON

Ah ! voilà justement de mes religieuses,
Lorsqu'un père combat leurs flammes amoureuses !
Debout ! Plus votre cœur répugne à l'accepter,
Plus ce sera pour vous matière à mériter :
Mortifiez[1] vos sens avec ce mariage,
Et ne me rompez pas la tête davantage.

DORINE

Mais quoi... ?

ORGON

Taisez-vous, vous ; parlez à votre
[écot[2] ;
Je vous défends tout net d'oser dire un seul mot.

CLÉANTE

Si par quelque conseil vous souffrez qu'on
[réponde...

ORGON

Mon frère, vos conseils sont les meilleurs du
[monde,

---

1. « Dompter, réprimer » (Richelet) : apprenez à maîtriser votre sensualité. 2. « On dit proverbialement et figurément à un homme qui se mêle de parler à des gens qui ne parlent pas à lui : Parlez à votre écot. Il est bas » (*Dictionnaire de l'Académie*, 1694). L'écot, selon Furetière, désigne, chez les cabaretiers, chacune des tables où plusieurs personnes mangent ensemble. Donc, proprement : parlez à vos compagnons de table.

Ils sont bien raisonnés, et j'en fais un grand cas ;
Mais vous trouverez bon que je n'en use pas.

ELMIRE, *à son mari*

À voir ce que je vois, je ne sais plus que dire,
Et votre aveuglement fait que je vous admire :
C'est être bien coiffé, bien prévenu[1] de lui,
Que de nous démentir sur le fait d'aujourd'hui.

ORGON

Je suis votre valet, et crois les apparences :
Pour mon fripon de fils je sais vos complaisances
Et vous avez eu peur de le désavouer
Du trait qu'à ce pauvre homme il a voulu jouer ;
Vous étiez trop tranquille enfin pour être crue,
Et vous auriez paru d'autre manière émue.

ELMIRE

Est-ce qu'au simple aveu d'un amoureux transport
Il faut que notre honneur se gendarme si fort ?
Et ne peut-on répondre à tout ce qui le touche
Que le feu dans les yeux et l'injure à la bouche ?
Pour moi, de tels propos je me ris simplement,
Et l'éclat là-dessus ne me plaît nullement ;
J'aime qu'avec douceur nous nous montrions [sages,
Et ne suis point du tout pour ces prudes sauvages
Dont l'honneur est armé de griffes et de dents,
Et veut au moindre mot dévisager[2] les gens :
Me préserve le Ciel d'une telle sagesse !
Je veux une vertu qui ne soit point diablesse,
Et crois que d'un refus la discrète froideur
N'en est pas moins puissante à rebuter un cœur.

---

1. Prévenu en sa faveur. **2.** « Dévisager une personne, c'est-à-dire lui égratigner le visage, se jeter sur son visage et le défigurer avec ses ongles » (Richelet).

ORGON

Enfin je sais l'affaire et ne prends point le change[1].

ELMIRE

J'admire, encore un coup, cette faiblesse étrange,
Mais que me répondrait votre incrédulité
Si je vous faisais voir qu'on vous dit vérité ?

ORGON

Voir ?

ELMIRE

Oui.

ORGON

Chansons.

ELMIRE

Mais quoi ? si je trouvais
[manière
De vous le faire voir avec pleine lumière ?

ORGON

Contes en l'air.

ELMIRE

Quel homme ! Au moins
[répondez-moi.
Je ne vous parle pas de nous ajouter foi ;
Mais supposons ici que, d'un lieu qu'on peut
[prendre[2],
On vous fît clairement tout voir et tout entendre,
Que diriez-vous alors de votre homme de bien ?

---

1. Même assaut contre Orgon, de la famille coalisée, que contre sa mère dans la première scène de la pièce, mais plus rapide, parce que l'action s'accélère à mesure qu'on approche du dénouement, et parce qu'Orgon, chef de famille, peut imposer plus impérieusement que Madame Pernelle ses volontés. 2. D'un endroit où l'on peut se mettre.

ORGON

En ce cas, je dirais que... Je ne dirais rien,
Car cela ne se peut.

ELMIRE

L'erreur trop longtemps dure,
Et c'est trop condamner ma bouche d'imposture.
Il faut que par plaisir, et sans aller plus loin,
De tout ce qu'on vous dit je vous fasse témoin.

ORGON

Soit : je vous prends au mot. Nous verrons votre
[adresse,
Et comment vous pourrez remplir cette promesse.

ELMIRE

Faites-le-moi venir.

DORINE

Son esprit est rusé,
Et peut-être à surprendre il sera malaisé.

ELMIRE

Non : on est aisément dupé par ce qu'on aime.
Et l'amour-propre engage à se tromper soi-même.
Faites-le-moi descendre.

Parlant à Cléante et à Mariane.

Et vous, retirez-vous.

Scène 4

Elmire, Orgon

Elmire

Approchons cette table, et vous mettez dessous.

Orgon

Comment ?

Elmire

Vous bien cacher est un point nécessaire.

Orgon

Pourquoi sous cette table ?

Elmire

Ah, mon Dieu ! laissez
[faire :
J'ai mon dessein en tête, et vous en jugerez.
Mettez-vous là, vous dis-je ; et quand vous y serez,
Gardez qu'on ne vous voie et qu'on ne vous
[entende.

Orgon

Je confesse qu'ici ma complaisance est grande ;
Mais de votre entreprise il vous faut voir sortir.

Elmire

Vous n'aurez, que je crois[1], rien à me repartir.

À son mari, qui est sous la table.

Au moins, je vais toucher une étrange matière[2] :
Ne vous scandalisez en aucune manière.
Quoi que je puisse dire, il[3] doit m'être permis,
Et c'est pour vous convaincre, ainsi que j'ai promis.
Je vais par des douceurs, puisque j'y suis réduite,

1. À ce que je crois. 2. Aborder un sujet scabreux. 3. « Il » : cela.

Faire poser le masque à cette âme hypocrite,
Flatter de son amour les désirs effrontés,
Et donner un champ libre à ses témérités.
Comme c'est pour vous seul, et pour mieux le [confondre,
Que mon âme à ses vœux va feindre de répondre,
J'aurai lieu de cesser dès que vous vous rendrez[1],
Et les choses n'iront que jusqu'où vous voudrez.
C'est à vous d'arrêter son ardeur insensée,
Quand vous croirez l'affaire assez avant poussée,
D'épargner votre femme, et de ne m'exposer
Qu'à ce qu'il vous faudra pour vous désabuser :
Ce sont vos intérêts ; vous en serez le maître,
Et... L'on vient. Tenez-vous[2], et gardez de [paraître.

Scène 5

TARTUFFE, ELMIRE, ORGON

TARTUFFE

On m'a dit qu'en ce lieu vous me vouliez parler.

ELMIRE

Oui. L'on a des secrets à vous y révéler.
Mais tirez cette porte avant qu'on vous les dise,
Et regardez partout, de crainte de surprise.
Une affaire pareille à celle de tantôt[3],
N'est pas assurément ici ce qu'il nous faut.
Jamais il ne s'est vu de surprise de même[4] ;

---

1. Que vous vous rendrez à l'évidence, qui vous vous rendrez compte, que vous demanderez grâce parce que vous en aurez assez entendu. **2.** Ne bougez pas. **3.** Non pas forcément de cet après-midi, mais de tout à l'heure (Richelet). **4.** De surprise pareille : « de même » est appelé par la nécessité de rimer. Au vers précédent : à la place de « pas assurément », nous dirions « assurément pas », ou nous mettrions entre virgules « assurément ».

Brisart d.
J. Sauvé f.
L'IMPOSTEUR

Damis m'a fait pour vous une frayeur extrême,
Et vous avez bien vu que j'ai fait mes efforts
Pour rompre son dessein et calmer ses transports.
Mon trouble, il est bien vrai, m'a si fort possédée,
Que de le démentir je n'ai point eu l'idée ;
Mais par là, grâce au Ciel, tout a bien mieux été,
Et les choses en sont dans plus de sûreté.
L'estime où l'on vous tient a dissipé l'orage,
Et mon mari de vous ne peut prendre d'ombrage.
Pour mieux braver l'éclat des mauvais jugements,
Il veut que nous soyons ensemble à tous
[moments[1] ;
Et c'est par où je puis, sans peur d'être blâmée,
Me trouver ici seule avec vous enfermée,
Et ce qui m'autorise à vous ouvrir un cœur
Un peu trop prompt peut-être à souffrir votre
[ardeur.

TARTUFFE

Ce langage à comprendre est assez difficile,
Madame, et vous parliez tantôt d'un autre style.

ELMIRE

Ah ! si d'un tel refus vous êtes en courroux,
Que le cœur d'une femme est mal connu de vous !
Et que vous savez peu ce qu'il veut faire entendre
Lorsque si faiblement on le voit se défendre !
Toujours notre pudeur combat dans ces moments
Ce qu'on peut nous donner de tendres
[sentiments.
Quelque raison qu'on trouve à l'amour qui nous
[dompte[2],
On trouve à l'avouer toujours un peu de honte ;

1. Comment le sait-elle, n'ayant pas assisté, puisqu'elle était déjà sortie de scène quand son mari disait à Tartuffe qu'il voulait le voir « à toute heure avec elle » (vers 1174) ? Il n'a pas attendu longtemps pour signifier la même décision à son épouse. 2. Même si l'on se trouve de bonnes raisons pour céder à l'amour.

On s'en défend d'abord ; mais de l'air qu'on s'y
[prend [1]
On fait connaître assez que notre cœur se rend,
Qu'à nos vœux par honneur notre bouche
[s'oppose,
Et que de tels refus promettent toute chose.
C'est vous faire sans doute un assez libre aveu,
Et sur notre pudeur me ménager bien peu [2] ;
Mais puisque la parole enfin en est lâchée,
À retenir Damis me serais-je attachée,
Aurais-je, je vous prie, avec tant de douceur
Écouté tout au long l'offre de votre cœur,
Aurais-je pris la chose ainsi qu'on m'a vu faire [3],
Si l'offre de ce cœur n'eût eu de quoi me plaire ?
Et lorsque j'ai voulu moi-même vous forcer
À refuser l'hymen qu'on venait d'annoncer,
Qu'est-ce que cette instance a dû vous faire
[entendre,
Que [4] l'intérêt qu'en vous on s'avise de prendre,
Et l'ennui qu'on aurait que ce nœud qu'on résout [5]
Vînt partager du moins un cœur que l'on veut
[tout ?

TARTUFFE

C'est sans doute, Madame, une douceur extrême
Que d'entendre ces mots d'une bouche qu'on
[aime :
Leur miel dans tous mes sens fait couler à longs
Une suavité [6] qu'on ne goûta jamais. [traits
Le bonheur de vous plaire est ma suprême étude,
Et mon cœur de vos vœux fait sa béatitude ;

---

1. Par la manière dont on s'y prend. 2. Sur le chapitre de la pudeur féminine me montrer bien imprudente, et mal observer les bienséances. 3. C'est-à-dire sans me fâcher. 4. Vous faire comprendre, sinon... 5. Cette résolution prise par Orgon de marier sa fille à Tartuffe. Dans ce vers le premier « on » représente Elmire elle-même (façon plus discrète de parler de soi que si l'on employait au lieu du pronom indéfini la première personne), le second désigne Orgon, caché sous la table, à qui s'adresse Elmire, à l'insu de Tartuffe. 6. « Il signifie en termes de spiritualité certaine douceur qui se fait quelquefois sentir à l'âme quand

Mais ce cœur vous demande ici la liberté
D'oser douter un peu de sa félicité.
Je puis croire ces mots un artifice honnête
Pour m'obliger à rompre un hymen qui s'apprête ;
Et s'il faut librement m'expliquer avec vous,
Je ne me fierai point à des propos si doux,
Qu'un peu[1] de vos faveurs, après quoi je soupire,
Ne vienne m'assurer tout ce qu'ils m'ont pu dire,
Et planter dans mon âme une constante foi[2],
Des charmantes bontés que vous avez pour moi.

ELMIRE

Elle tousse pour avertir son mari.

Quoi ! vous voulez aller avec cette vitesse,
Et d'un cœur tout d'abord épuiser la tendresse ?
On se tue à vous faire un aveu des plus doux ;
Cependant ce n'est pas encore assez pour vous,
Et l'on ne peut aller jusqu'à vous satisfaire,
Qu'aux dernières faveurs on ne pousse l'affaire ?

TARTUFFE

Moins on mérite un bien, moins on l'ose espérer.
Nos vœux sur des discours ont peine à s'assurer.
On soupçonne[3] aisément un sort tout plein de
[gloire,
Et l'on veut en jouir avant que de le croire.
Pour moi, qui crois si peu mériter vos bontés,
Je doute du bonheur de mes témérités[4] ;
Et je ne croirai rien, que vous n'ayez, Madame,
Par des réalités su convaincre ma flamme.

Dieu la favorise. Durant l'oraison, il sent des suavités merveilleuses » (*Dictionnaire de l'Académie*, 1694). (Le mot, appliqué comme en cet endroit à l'amour profane prend la résonance d'un sacrilège. Il en va de même pour « béatitude », au vers 1442 : l'hypocrite laisse tomber le masque. Orgon devrait surgir. Il ne bronche pas, abasourdi : effet hautement comique.)

1. À moins qu'un peu... Même valeur de la conjonction « Qu'« au vers 1458. **2.** Une solide confiance. **3.** On s'en méfie, on refuse d'y croire (comparer avec le vers suivant). **4.** Les vers 1463-1464 sont tirés à peu près textuellement de *Dom Garcie*, II, 6, vers 659-660.

ELMIRE

Mon Dieu, que votre amour en vrai tyran agit,
Et qu'en un trouble étrange il me jette l'esprit !
Que sur les cœurs il prend un furieux empire.
Et qu'avec violence il veut ce qu'il désire !
Quoi ? de votre poursuite on ne peut se parer[1],
Et vous ne donnez pas le temps de respirer ?
Sied-il bien de tenir une rigueur si grande[2],
De vouloir sans quartier les choses qu'on demande,
Et d'abuser ainsi par vos efforts pressants
Du faible que pour vous vous voyez qu'ont les
[gens ?

TARTUFFE

Mais si d'un œil bénin vous voyez mes hommages,
Pourquoi m'en refuser d'assurés témoignages ?

ELMIRE

Mais comment consentir à ce que vous voulez,
Sans offenser le Ciel, dont toujours vous parlez ?

TARTUFFE

Si ce n'est que le Ciel qu'à mes vœux on oppose,
Lever un tel obstacle est à moi peu de chose,
Et cela ne doit pas retenir votre cœur.

ELMIRE

Mais des arrêts du Ciel on nous fait tant de peur.

TARTUFFE

Je puis vous dissiper ces craintes ridicules,
Madame, et je sais l'art de lever les scrupules.
Le Ciel défend, de vrai, certains contentements ;

1. Se défendre. 2. Assez grande pour... Donc : de tenir à quelqu'un rigueur pour... ; « sans quartier » : « Terme de guerre (Richelet) signifiant laisser la vie sauve ». Ici, par extension : sans pitié.

(C'est un scélérat qui parle.)*

Mais on trouve avec lui des accommodements ;
Selon divers besoins, il est une science
D'étendre les liens de notre conscience[1]
Et de rectifier le mal de l'action
Avec la pureté de notre intention[2].
De ces secrets, Madame, on saura vous instruire ;
Vous n'avez seulement qu'à vous laisser
[conduire[3].
Contentez mon désir, et n'ayez point d'effroi :
Je vous réponds de tout, et prends le mal sur moi.
Vous toussez fort, Madame.

ELMIRE

Oui, je suis au supplice.

TARTUFFE

Vous plaît-il un morceau[4] de ce jus de réglisse ?

ELMIRE

C'est un rhume obstiné, sans doute ; et je vois bien
Que tous les jus du monde ici ne feront rien.

TARTUFFE

Cela certes est fâcheux.

---

* Note de Molière.

---

1. De les desserrer. **2.** Molière, pour tout ce passage, s'est souvenu de Pascal et de ses *Provinciales* : voir notamment la huitième lettre, où se trouve l'expression « lever les scrupules » (ainsi que le signale Richelet à l'article « Scrupule »), appliquée à la doctrine des opinions probables, de même que les lettres V à X, sur la morale relâchée, par laquelle on étend les liens de la conscience, et surtout la septième, sur la direction d'intention, à propos de laquelle on lit : « Ce n'est pas qu'autant qu'il est en notre pouvoir nous ne détournions les hommes des choses défendues ; mais quand nous ne pouvons pas empêcher l'action, nous purifions au moins l'intention ; et ainsi nous corrigeons le vice du moyen par la pureté de la fin. » **3.** « Conduire : avoir la direction de quelque personne, l'instruire » (Richelet). **4.** Nous dirions : voudriez-vous, etc., ou bien : un morceau (...) vous plairait-il ?

ELMIRE

Oui, plus qu'on ne peut
[dire.

TARTUFFE

Enfin votre scrupule est facile à détruire :
Vous êtes assurée ici d'un plein secret,
Et le mal n'est jamais que dans l'éclat qu'on fait ;
Le scandale du monde[1] est ce qui fait l'offense,
Et ne n'est pas pécher que pécher en silence[2].

ELMIRE, *après avoir encore toussé*

Enfin je vois qu'il faut se résoudre à céder,
Qu'il faut que je consente à vous tout accorder,
Et qu'à moins de cela je ne dois point prétendre
Qu'on puisse être content, et qu'on veuille se
[rendre[3],
Sans doute il est fâcheux d'en venir jusque-là,
Et c'est bien malgré moi que je franchis cela ;
Mais puisque l'on s'obstine à m'y vouloir réduire,
Puisqu'on ne veut point croire à tout ce qu'on
[peut dire,
Et qu'on veut des témoins qui soient plus
[convaincants,
Il faut bien s'y résoudre, et contenter les gens.
Si ce consentement porte en soi quelque offense[4],
Tant pis pour qui me force à cette violence ;
La faute assurément n'en doit pas être à moi.

---

1. Le scandale public. **2.** Cf. Régnier, *Satire XIII*, vers 144-148 : « Le péché que l'on cache est demi-pardonné./La faute seulement ne gît en la défense./Le scandale, l'opprobre est cause de l'offense./Pourvu qu'on ne le sache, il n'importe comment./Qui peut dire que non ne pèche nullement. » **3.** Phrase à double entente : « on » représente à la fois Tartuffe et surtout Orgon, qui ne réagit toujours pas. De même, aux vers 1513-1515 : « l'on s'obstine », « on ne veut point croire », « on veut des témoins » (des témoignages). En revanche, dans « ce qu'on peut dire », le pronom indéfini se réfère en même temps à Tartuffe et Elmire. **4.** Si mon consentement (aux volontés de Tartuffe) offense quelqu'un (mon mari désigné de même, à mots couverts, par « qui me force » (à subir cette violence de la part de Tartuffe), au vers 1518.

TARTUFFE
Oui, Madame, on s'en charge, et la chose de soi...

ELMIRE
Ouvrez un peu la porte, et voyez, je vous prie,
Si mon mari n'est point dans cette galerie.

TARTUFFE
Qu'est-il besoin pour lui du soin que vous prenez ?
C'est un homme, entre nous, à mener par le nez ;
De tous nos entretiens il est pour faire gloire[1],
Et je l'ai mis au point de voir tout sans rien croire.

ELMIRE
Il n'importe : sortez, je vous prie, un moment,
Et partout là dehors voyez exactement.

Scène 6

ORGON, ELMIRE

ORGON, *sortant de dessous la table*
Voilà, je vous l'avoue, un abominable homme !
Je n'en puis revenir, et tout ceci m'assomme[2].

ELMIRE
Quoi ? vous sortez si tôt ? vous vous moquez des
[gens.
Rentrez sous le tapis, il n'est pas encor temps ;
Attendez jusqu'au bout pour voir les choses sûres,
Et ne vous fiez point aux simples conjectures.

---

1. Il est homme à... « Je l'ai mis au point » (vers suivant) : je l'ai amené à... C'est seulement quand Tartuffe se moque de son aveuglement qu'Orgon se sent atteint dans son amour-propre. Il se montre moins chatouilleux sur le chapitre de l'honneur conjugal : le personnage n'en apparaît que plus profondément comique. 2. « Assommer : accabler » (Richelet, qui cite ce vers en exemple).

ORGON

Non, rien de plus méchant n'est sorti de l'enfer.

ELMIRE

Mon Dieu ! l'on ne doit point croire trop de
[léger[1].
Laissez-vous bien convaincre avant que de vous
[rendre,
Et ne vous hâtez point, de peur de vous
[méprendre.

Elle fait mettre son mari derrière elle.

Scène 7

TARTUFFE, ELMIRE, ORGON

TARTUFFE

Tout conspire, Madame, à mon contentement :
J'ai visité de l'œil tout cet appartement ;
Personne ne s'y trouve ; et mon âme ravie...

ORGON, *en l'arrêtant*

Tout doux ! vous suivez trop votre amoureuse
[envie,
Et vous ne devez pas vous tant passionner.
Ah ! ah ! l'homme de bien, vous m'en voulez
[donner[2] !
Comme aux tentations s'abandonne votre âme !
Vous épousiez ma fille, et convoitiez ma femme !
J'ai douté fort longtemps que ce fût tout de bon,
Et je croyais toujours qu'on changerait de ton ;
Mais c'est assez avant pousser le témoignage :
Je m'y tiens, et n'en veux, pour moi, pas
[davantage.

1. « De léger : trop facilement » (*Dictionnaire de l'Académie*, 1694). 2. Autrement dit : en donner d'une, en donner à garder. « C'est en faire accroire » *(ibid.)*.

ELMIRE, *à Tartuffe*
C'est contre mon humeur que j'ai fait tout ceci ;
Mais on m'a mise au point[1] de vous traiter ainsi.

TARTUFFE
Quoi ? vous croyez...[2] ?

ORGON
Allons, point de bruit, je
[vous prie.
Dénichons[3] de céans, et sans cérémonie.

TARTUFFE
Mon dessein...

ORGON
Ces discours ne sont plus de saison :
Il faut, tout sur-le-champ, sortir de la maison.

TARTUFFE
C'est à vous d'en sortir, vous qui parlez en
[maître :
La maison m'appartient, je le ferai connaître,
Et vous montrerai bien qu'en vain on a recours,
Pour me chercher querelle, à ces lâches détours[4],
Qu'on n'est pas où l'on pense en me faisant injure,
Que j'ai de quoi confondre et punir l'imposture,
Venger le Ciel qu'on blesse, et faire repentir
Ceux qui parlent ici de me faire sortir.

---

1. Obligée, réduite à. **2.** À qui s'adresse Tartuffe ? À Orgon (vous vous fiez, sous-entendu : aux apparences qui sont contre moi) ? À Elmire (vous croyez sérieusement que j'en voulais à votre vertu. C'était pour vous mettre à l'épreuve. Ou quelque nouvelle fourberie analogue...) ? **3.** Avec le sens de : dénichez (...), qu'on déguerpisse. **4.** Ces lâches procédés : Tartuffe essaie d'insinuer qu'avec la complicité d'Elmire Orgon a tenté de lui tendre un piège pour se débarrasser de lui. Le trompeur se plaindrait presque d'être victime d'une tromperie : un comble !

Scène 8

ELMIRE, ORGON

ELMIRE

Quel est donc ce langage ? et qu'est-ce qu'il veut
[dire ?

ORGON

Ma foi, je suis confus, et n'ai pas lieu de rire.

ELMIRE

Comment ?

ORGON

Je vois ma faute aux choses qu'il me dit,
Et la donation m'embarrasse l'esprit.

ELMIRE

La donation...

ORGON

Oui, c'est une affaire faite.
Mais j'ai quelque autre chose encor qui
[m'inquiète.

ELMIRE

Et quoi ?

ORGON

Vous saurez tout. Mais voyons au plus tôt
Si certaine cassette est encore là-haut.

ACTE V

Scène 1

ORGON, CLÉANTE

CLÉANTE

Où voulez-vous courir ?

ORGON

Las ! que sais-je ?

CLÉANTE

Il me semble
Que l'on doit commencer par consulter [1] ensemble
Les choses qu'on peut faire en cet événement.

ORGON

Cette cassette-là me trouble entièrement ;
Plus que le reste encor elle me désespère.

CLÉANTE

Cette cassette est donc un important mystère ?

ORGON

C'est un dépôt qu'Argas, cet ami que je plains,
Lui-même, en grand secret, m'a mis entre les mains :

1. Aviser aux choses...

Pour cela, dans sa fuite, il me voulut élire[1] ;
Et ce sont des papiers, à ce qu'il m'a pu dire,
Où sa vie et ses biens se trouvent attachés.

CLÉANTE
Pourquoi donc les avoir en d'autres mains lâchés ?

ORGON
Ce fut par un motif de cas de conscience[2] :
J'allai droit à mon traître en faire confidence ;
Et son raisonnement me vint persuader
De lui donner plutôt la cassette à garder,
Afin que, pour nier, en cas de quelque enquête,
J'eusse d'un faux-fuyant la faveur[3] toute prête,
Par où ma conscience eût pleine sûreté
À faire des serments contre la vérité[4].

CLÉANTE
Vous voilà mal[5], au moins si j'en crois
Et la donation, et cette confidence, [l'apparence ;
Sont, à vous en parler selon mon sentiment,
Des démarches par vous faites légèrement.
On peut vous mener loin avec de pareils gages[6] ;
Et cet homme sur vous ayant ces avantages,
Le pousser[7] est encor grande imprudence à vous,
Et vous deviez chercher quelque biais plus doux.

---

1. « Choisir » (Richelet). **2.** Cette « question touchant la conscience » (définition de Richelet) consistait à se demander si Orgon pouvait, en toute innocence, conserver en secret des papiers compromettants remis entre ses mains par un criminel d'État, sans doute un ancien frondeur contraint de s'expatrier au retour de Mazarin et du roi. **3.** La ressource d'un subterfuge : il pourrait, sans se parjurer, affirmer sous serment que les papiers ne se trouvaient pas en sa possession. **4.** L'artifice proposé par Tartuffe s'apparente aux restrictions mentales préconisées par certains casuistes jésuites et dont Pascal s'était moqué dans la neuvième *Provinciale*. **5.** En mauvaise posture. **6.** Pièces à conviction contre vous. **7.** « Obliger quelqu'un à se fâcher parce qu'on l'outrage, qu'on l'offense, et qu'on le pique » (Richelet).

ORGON

Quoi ? sous un beau semblant de ferveur si [touchante
Cacher un cœur si double, une âme si méchante !
Et moi qui l'ai reçu gueusant[1] et n'ayant rien...
C'en est fait, je renonce à tous les gens de bien :
J'en aurai désormais une horreur effroyable,
Et m'en vais devenir pour eux pire qu'un diable.

CLÉANTE

Hé bien ! ne voilà pas de vos emportements[2] !
Vous ne gardez en rien les doux tempéraments[3] ;
Dans la droite raison jamais n'entre la vôtre,
Et toujours d'un excès vous vous jetez dans l'autre.
Vous voyez votre erreur, et vous avez connu
Que par un zèle feint vous étiez prévenu[4] ;
Mais pour vous corriger, quelle raison demande
Que vous alliez passer dans une erreur plus [grande[5],
Et qu'avecque le cœur d'un perfide vaurien
Vous confondiez les cœurs de tous les gens de bien ?
Quoi ? parce qu'un fripon vous dupe avec audace
Sous le pompeux éclat d'une austère grimace[6],
Vous voulez que partout on soit fait comme lui,
Et qu'aucun vrai dévot ne se trouve aujourd'hui ?
Laissez aux libertins ces sottes conséquences[7] ;
Démêlez la vertu d'avec ses apparences,
Ne hasardez jamais votre estime trop tôt,
Et soyez pour cela dans le milieu qu'il faut :
Gardez-vous, s'il se peut, d'honorer l'imposture,
Mais au vrai zèle aussi[8] n'allez pas faire injure ;

---

1. « Gueuser : demander sa vie. Chercher sa vie en demandant l'aumône » (Richelet). **2.** Nous dirions : ne voilà-t-il pas vos emportements habituels ? **3.** « Tempérament : adoucissement, modération, accommodement » (Richelet) : vous ne savez pas vous modérer. **4.** Trompé par la fausse dévotion de Tartuffe, vous le créditez d'un préjugé favorable. **5.** Tomber d'une erreur dans une autre plus grave. **6.** D'une austérité feinte. **7.** Conclusions. **8.** Non plus.

Et s'il vous faut tomber dans une extrémité,
Péchez plutôt encor de cet autre côté[1].

Scène 2

DAMIS, ORGON, CLÉANTE

DAMIS

Quoi ? mon père, est-il vrai qu'un coquin vous menace ?
Qu'il n'est point de bienfait qu'en son âme il n'efface,
Et que son lâche[2] orgueil, trop digne de courroux,
Se fait de vos bontés des armes contre vous ?

ORGON

Oui, mon fils, et j'en sens des douleurs non pareilles.

DAMIS

Laissez-moi, je lui veux couper les deux oreilles :
Contre son insolence on ne doit point gauchir[3],
C'est à moi, tout d'un coup[4], de vous en affranchir,
Et pour sortir d'affaire, il faut que je l'assomme.

CLÉANTE

Voilà tout justement parler en vrai jeune homme.
Modérez, s'il vous plaît, ces transports éclatants[5] :

---

1. Mieux vaut encore considérer un imposteur comme un saint que risquer de porter tort à quelque homme vraiment pieux en suspectant la sincérité de sa foi. **2.** Lâche parce qu'il s'en prend à quelqu'un qui, loin de l'attaquer, le traite avec bonté, sans songer à se défendre de lui. **3.** Au propre, se détourner pour parer un coup. Au figuré : « biaiser » (Richelet). Donc : on n'y doit pas aller par quatre chemins. **4.** Non pas soudain, mais : une bonne fois. **5.** Ces emportements qui se traduisent par de grands éclats.

Nous vivons sous un règne et sommes dans un
Où par la violence on fait mal ses affaires. [temps

Scène 3

MADAME PERNELLE, MARIANE, ELMIRE, DORINE, DAMIS, ORGON, CLÉANTE

MADAME PERNELLE

Qu'est-ce ? J'apprends ici de terribles mystères.

ORGON

Ce sont des nouveautés dont mes yeux sont
[témoins,
Et vous voyez le prix dont sont payés mes soins.
Je recueille avec zèle un homme en sa misère,
Je le loge, et le tiens comme mon propre frère ;
De bienfaits chaque jour il est par moi chargé ;
Je lui donne ma fille et tout le bien que j'ai ;
Et, dans le même temps, le perfide, l'infâme,
Tente le noir dessein de suborner ma femme,
Et non content encor de ces lâches essais,
Il m'ose menacer de mes propres bienfaits,
Et veut, à ma ruine[1], user des avantages
Dont le viennent d'armer mes bontés trop peu
[sages,
Me chasser de mes biens, où je l'ai transféré[2],
Et me réduire au point d'où je l'ai retiré.

DORINE

Le pauvre homme !

---

1. Pour me perdre. 2. Dont je lui ai transmis, par-devant notaire, la propriété.

MADAME PERNELLE

Mon fils, je ne puis du tout
[croire
Qu'il ait voulu commettre une action si noire.

ORGON

Comment ?

MADAME PERNELLE

Les gens de bien sont enviés toujours.

ORGON

Que voulez-vous donc dire avec votre discours,
Ma mère ?

MADAME PERNELLE

Que chez vous on vit d'étrange sorte,
Et qu'on ne sait que trop la haine qu'on lui porte.

ORGON

Qu'a cette haine à faire avec ce qu'on vous dit ?

MADAME PERNELLE

Je vous l'ai dit cent fois quand vous étiez petit :
La vertu dans le monde est toujours poursuivie ;
Les envieux mourront, mais non jamais l'envie.

ORGON

Mais que fait ce discours aux choses d'au-
[jourd'hui ?

MADAME PERNELLE

On vous aura forgé cent sots contes de lui.

ORGON

Je vous ai dit déjà que j'ai vu tout moi-même.

MADAME PERNELLE

Des esprits médisants la malice est extrême.

ORGON

Vous me feriez damner, ma mère. Je vous di[1]
Que j'ai vu de mes yeux un crime si hardi.

MADAME PERNELLE

Les langues ont toujours du venin à répandre,
Et rien n'est ici-bas qui s'en puisse défendre.

ORGON

C'est tenir un propos de sens bien dépourvu.
Je l'ai vu, dis-je, vu, de mes propres yeux vu,
Ce qu'on appelle vu : faut-il vous le rebattre
Aux oreilles cent fois, et crier comme quatre ?

MADAME PERNELLE

Mon Dieu, le plus souvent l'apparence déçoit :
Il ne faut pas toujours juger sur ce qu'on voit.

ORGON

J'enrage.

MADAME PERNELLE

Aux faux soupçons[2] la nature est sujette,
Et c'est souvent à mal que le bien s'interprète[3].

ORGON

Je dois interpréter à charitable soin[4]
Le désir d'embrasser ma femme ?

MADAME PERNELLE

Il est besoin,
Pour accuser les gens, d'avoir de justes causes ;
Et vous deviez attendre à vous voir sûr des choses.

---

1. Graphie assurant la rime pour l'œil. **2.** Soupçons que rien ne motive. **3.** Que le bien se prend pour le mal. Même construction et même sens au vers suivant. **4.** Un service rendu par charité.

ORGON

Hé, diantre ! le moyen de m'en assurer mieux ?
Je devais donc, ma mère, attendre qu'à mes yeux
Il eût... Vous me feriez dire quelque sottise[1].

MADAME PERNELLE

Enfin d'un trop pur zèle on voit son âme éprise ;
Et je ne puis du tout me mettre dans l'esprit
Qu'il ait voulu tenter les choses que l'on dit.

ORGON

Allez, je ne sais pas, si vous n'étiez ma mère,
Ce que je vous dirais, tant je suis en colère.

DORINE

Juste retour, Monsieur, des choses d'ici-bas :
Vous ne vouliez point croire[2], et l'on ne vous croit
[pas.

CLÉANTE

Nous perdons des moments en bagatelles pures,
Qu'il faudrait employer à prendre des mesures.
Aux menaces du fourbe on doit ne dormir point.

DAMIS

Quoi ? son effronterie irait jusqu'à ce point ?

ELMIRE

Pour moi, je ne crois pas cette instance[3] possible,
Et son ingratitude est ici trop visible.

CLÉANTE

Ne vous y fiez pas : il aura des ressorts[4]
Pour donner contre vous raison à ses efforts ;
Et sur moins que cela, le poids d'une cabale

---

1. Quelque impertinence. **2.** À l'acte III, scène 6. **3.** Je ne crois pas qu'il pousse l'effronterie jusqu'à mettre à exécution ses menaces. **4.** Voir le vers 794 et la note 1 de la page 103. Il fera agir en sous-main pour que paraissent justifiées ses attaques contre vous.

Embarrasse[1] les gens dans un fâcheux dédale.
Je vous le dis encor : armé de ce qu'il a,
Vous ne deviez jamais[2] le pousser jusque-là.

ORGON
Il est vrai ; mais qu'y faire ? À l'orgueil[3] de ce traître,
De mes ressentiments je n'ai pas été maître.

CLÉANTE
Je voudrais, de bon cœur, qu'on pût entre vous deux
De quelque ombre de paix raccommoder les nœuds[4].

ELMIRE
Si j'avais su qu'en main il a de telles armes,
Je n'aurais pas donné matière à tant d'alarmes,
Et mes...

ORGON
Que veut cet homme ? Allez tôt[5] le savoir.
Je suis bien en état que l'on me vienne voir !

Scène 4

MONSIEUR LOYAL, MADAME PERNELLE, ORGON, DAMIS, MARIANE, DORINE, ELMIRE, CLÉANTE

MONSIEUR LOYAL
Bonjour, ma chère sœur ; faites, je vous supplie,
Que je parle à Monsieur.

---

1. Vous empêtre. **2.** Vous n'auriez jamais dû. **3.** Devant l'orgueil. Voir la scène 7 de l'acte IV. **4.** Qu'un semblant de réconciliation fût possible. **5.** Vite.

DORINE

Il est en compagnie,
Et je doute qu'il puisse à présent voir quelqu'un.

MONSIEUR LOYAL

Je ne suis pas pour être en ces lieux importun[1].
Mon abord[2] n'aura rien, je crois, qui lui déplaise ;
Et je viens pour un fait dont il sera bien aise.

DORINE

Votre nom ?

MONSIEUR LOYAL

Dites-lui seulement que je vien[3]
De la part de Monsieur Tartuffe, pour son bien[4].

DORINE

C'est un homme qui vient, avec douce manière,
De la part de Monsieur Tartuffe, pour affaire
Dont vous serez, dit-il, bien aise.

CLÉANTE

Il vous faut voir
Ce que c'est que cet homme, et ce qu'il peut
[vouloir.

ORGON

Pour nous raccommoder il vient ici peut-être :
Quels sentiments aurai-je à lui faire paraître ?

---

1. Je ne viens pas l'importuner. **2.** Ma visite. **3.** Graphie archaïque, permettant la rime pour l'œil. **4.** Dorine comprend que l'huissier arrive animé de bonnes intentions. Cléante, plus circonspect, réserve son jugement et demande à voir. Orgon, toujours aussi crédule, croit ce qu'il espère : que tout va s'arranger : « son bien », équivoque, peut désigner l'intérêt d'Orgon ou ce qu'il possédait, mais qui ne lui appartient plus depuis qu'il en a fait donation à Tartuffe : ambiguïté double, qui porte à la fois sur l'adjectif possessif et sur le nom qu'il détermine. Cette duplicité de langage apparaît comme une variante adoucie, mais tout aussi fielleuse, de l'hypocrisie dévote.

CLÉANTE

Votre ressentiment ne doit point éclater ;
Et s'il parle d'accord, il le faut écouter.

MONSIEUR LOYAL

Salut[1], Monsieur. Le Ciel perde qui vous veut [nuire,
Et vous soit favorable autant que je désire !

ORGON

Ce doux début s'accorde avec mon jugement,
Et présage déjà quelque accommodement.

MONSIEUR LOYAL

Toute votre maison m'a toujours été chère,
Et j'étais serviteur[2] de Monsieur votre père.

ORGON

Monsieur, j'ai grande honte et demande pardon
D'être sans vous connaître ou savoir votre nom.

MONSIEUR LOYAL

Je m'appelle Loyal, natif de Normandie,
Et suis huissier à verge[3], en dépit de l'envie.
J'ai depuis quarante ans, grâce au Ciel, le bonheur
D'en exercer la charge avec beaucoup d'honneur ;

---

1. Rien de familier ni d'insolent dans cette interjection ; Monsieur Loyal emploie le jargon de son métier : les « commissions dont il s'acquitte commencent par la formule : "Au premier huissier sur ce requis, salut" » (Furetière). Mais comment ne pas songer également à la locution proverbiale : « À bon entendeur, salut ! », car on sent la mauvaise intention enveloppée sous l'obséquiosité qui se veut rassurante. **2.** Simple formule de politesse, probablement. Mais sans doute faut-il entendre que le père d'Orgon recourait parfois aux services que M. Loyal se trouvait en mesure de lui rendre comme huissier. **3.** « Verge se dit aussi de la baguette que portent les huissiers, sergents et bedeaux, pour faire faire silence aux audiences, et faire passage aux magistrats qu'ils conduisent » (Furetière). « On appelle encore en Normandie le pouvoir de la verge, l'étendue du territoire dans lequel un sergent à verge peut exploiter » *(ibid.)*. Le personnage s'apparente au rôle tenu par L'Intimé, dans *Les Plaideurs* de Racine, en 1668 (II, 2-4).

Et je vous viens, Monsieur, avec votre licence,
Signifier l'exploit de certaine ordonnance[1]...

ORGON

Quoi ? vous êtes ici... ?

MONSIEUR LOYAL

Monsieur, sans passion :
Ce n'est rien seulement qu'une sommation,
Un ordre de vuider[2] d'ici, vous et les vôtres,
Mettre vos meubles hors[3], et faire place à
[d'autres,
Sans délai ni remise[4], ainsi que besoin est...

ORGON

Moi, sortir de céans ?

MONSIEUR LOYAL

Oui, Monsieur, s'il vous plaît.
La maison à présent, comme savez de reste,
Au bon Monsieur Tartuffe appartient sans
[conteste.
De vos biens désormais il est maître et seigneur[5],
En vertu d'un contrat duquel je suis porteur :
Il est en bonne forme, et l'on n'y peut rien dire.

---

1. L'acte contenant l'ordre d'expulsion. L'huissier, ici comme plus loin, continue à se servir des termes précis en usage dans sa profession. **2.** « Terme qui se dit entre praticiens [hommes de loi] pour dire : sortir d'un lieu, en déloger par quelque sorte de contrainte » (Richelet, qui cite cet exemple). **3.** Dehors. Molière, dans les vers 1749-1757, pastiche la langue archaïque du Palais, ainsi que ses redondances et ses inversions ou ses ellipses tant de l'article que du pronom personnel (« que besoin est », vers 1751, « comme savez de reste » — pour : ne savez que trop —, vers 1753, « opposer à justice », vers 1762. **4.** « Délai, retardement » (Richelet). **5.** Pour cette expression juridique, cf. La Fontaine, *Le Chat, la Belette et le petit Lapin, Fables*, VII, 16, vers 27. « Seigneur : celui qui est le maître et le seigneur de quelque chose » (Richelet).

DAMIS

Certes cette impudence est grande, et je l'admire.

MONSIEUR LOYAL

Monsieur, je ne dois point avoir affaire à vous ;
C'est à Monsieur : il est et raisonnable et doux,
Et d'un homme de bien il sait trop bien l'office,
Pour se vouloir du tout[1] opposer à justice.

ORGON

Mais...

MONSIEUR LOYAL

Oui, Monsieur, je sais que pour un million
Vous ne voudriez pas faire rébellion[2],
Et que vous souffrirez, en honnête personne,
Que j'exécute ici les ordres qu'on me donne.

DAMIS

Vous pourriez bien ici sur votre noir jupon[3],
Monsieur l'huissier à verge, attirer le bâton.

MONSIEUR LOYAL

Faites que votre fils se taise ou se retire,
Monsieur. J'aurais regret d'être obligé d'écrire,
Et de vous voir couché[4] dans mon procès-verbal.

DORINE

Ce Monsieur Loyal porte un air bien déloyal[5] !

---

1. En quoi que ce soit. **2.** Désobéissance à quelque décision de justice. **3.** « C'est une sorte de justaucorps à l'espagnole » (Richelet). Au vers suivant, Damis joue sur l'opposition des mots « verge », terme qui désigne une « baguette » (voir la note 3 de la page 163) et bâton dont on donne des coups. **4.** Mentionné. Procès-verbal : « Récit de ce qui s'est fait et passé devant un Juge, Commissaire ou autre Officier de justice. Ce procès a été appelé verbal parce qu'on ne l'écrivait pas » (Richelet). **5.** Plaisanterie facile (Monsieur Loyal porte en dépit de son nom sur son visage son hypocrisie chafouine), mais en quoi se résume toute la dialectique de la pièce entre le mensonge et la sincérité.

MONSIEUR LOYAL

Pour tous les gens de bien j'ai de grandes tendresses,
Et ne me suis voulu, Monsieur, charger des
[pièces[1]
Que pour vous obliger et vous faire plaisir,
Que pour ôter par là le moyen d'en choisir
Qui, n'ayant pas pour vous le zèle qui me pousse,
Auraient pu procéder d'une façon moins douce.

ORGON

Et que peut-on de pis que d'ordonner aux gens
De sortir de chez eux ?

MONSIEUR LOYAL

On vous donne du temps,
Et jusques à demain je ferai surséance[2]
À l'exécution, Monsieur, de l'ordonnance.
Je viendrai seulement passer ici la nuit,
Avec dix de mes gens[3], sans scandale et sans bruit.
Pour la forme, il faudra, s'il vous plaît, qu'on
[m'apporte,
Avant que[4] se coucher, les clefs de votre porte.
J'aurai soin de ne pas troubler votre repos,
Et de ne rien souffrir qui ne soit à propos.
Mais demain, du matin[5], il vous faut être habile
À vuider de céans jusqu'au moindre ustensile :
Mes gens vous aideront, et je les ai pris forts,
Pour vous faire service à tout mettre dehors.
On n'en peut pas user mieux que je fais, je pense ;
Et comme je vous traite avec grande indulgence,
Je vous conjure aussi, Monsieur, d'en user bien,

---

1. « Pièce. Terme de Palais et de pratique. Papier écrit. C'est toute sorte d'écriture qui sert à quelque procès » (Richelet). **2.** « Mot qui se dit en terme de Palais. C'est le temps pendant lequel on ne fait aucune poursuite. Sorte de délai » (Richelet). Action de surseoir, sursis. **3.** Des recors, prêts à lui prêter main-forte, le cas échéant. **4.** Construction archaïque, proscrite par Vaugelas dans ses *Remarques sur la langue française*, au profit de : avant que de. **5.** Dès le matin. « Faire service » (vers 1792) : vous aider.

Et qu'au dû [1] de ma charge on ne me trouble en
[rien.

ORGON

Du meilleur de mon cœur je donnerais sur l'heure
Les cent plus beaux louis de ce qui me demeure,
Et pouvoir, à plaisir, sur ce mufle [2] assener
Le plus grand coup de poing qui se puisse donner.

CLÉANTE

Laissez, ne gâtons rien.

DAMIS

À cette audace étrange
J'ai peine à me tenir, et la main me démange.

DORINE

Avec un si bon dos, ma foi, Monsieur Loyal,
Quelques coups de bâton ne vous siéraient pas
[mal.

MONSIEUR LOYAL

On pourrait bien punir ces paroles infâmes,
Mamie, et l'on décrète [3] aussi contre les femmes.

CLÉANTE

Finissons tout cela, Monsieur : c'en est assez ;
Donnez tôt ce papier, de grâce, et nous laissez [4].

MONSIEUR LOYAL

Jusqu'au revoir. Le Ciel vous tienne tous en joie !

ORGON

Puisse-t-il te confondre, et celui qui t'envoie !

---

1. Au devoir. 2. « Mot bas et burlesque pour dire le nez avec toute la partie extérieure de la bouche » (Richelet). 3. « Décréter. Terme de Palais. Donner pouvoir à des sergents d'emprisonner une personne » (Richelet). 4. Laissez-nous.

Scène 5

ORGON, CLÉANTE, MARIANE, ELMIRE, MADAME PERNELLE, DORINE, DAMIS

ORGON

Hé bien, vous le voyez, ma mère, si j'ai droit[1],
Et vous pouvez juger du reste par l'exploit :
Ses trahisons enfin vous sont-elles connues ?

MADAME PERNELLE

Je suis toute ébaubie[2], et je tombe des nues !

DORINE

Vous vous plaignez à tort, à tort vous le blâmez,
Et ses pieux desseins par là sont confirmés :
Dans l'amour du prochain, sa vertu se
[consomme ;
Il sait que très souvent les biens corrompent
[l'homme,
Et par charité pure, il veut vous enlever
Tout ce qui vous peut faire obstacle à vous sauver.

ORGON

Taisez-vous : c'est le mot qu'il vous faut toujours
[dire.

CLÉANTE

Allons voir quel conseil on doit vous faire élire[3].

ELMIRE

Allez faire éclater l'audace de l'ingrat.
Ce procédé détruit la vertu[4] du contrat ;

---

1. Si j'ai raison. 2. Ébahie. 3. Adopter. Les vers 1815-1822, suivant l'édition de 1682, étaient supprimés alors à la représentation. La coupure s'est perpétuée jusqu'à la fin du XIXe siècle, ainsi que l'atteste P. Régnier, dans son *Tartuffe des comédiens*. Au vers 1817 : « Consommer : accomplir, achever, mettre dans la dernière perfection » (Richelet). 4. Rend la donation nulle et non avenue. Elle perd sa validité.

Et sa déloyauté va paraître trop noire,
Pour souffrir qu'il en ait le succès qu'on veut
[croire.

Scène 6

VALÈRE, ORGON, CLÉANTE, ELMIRE, MARIANE, *etc.*

VALÈRE

Avec regret, Monsieur, je viens vous affliger ;
Mais je m'y vois contraint par le pressant danger[1].
Un ami, qui m'est joint d'une amitié fort tendre,
Et qui sait l'intérêt qu'en vous[2] j'ai lieu de
À violé pour moi, par un pas[3] délicat, [prendre,
Le secret que l'on doit aux affaires d'État,
Et me vient d'envoyer un avis dont la suite
Vous réduit au parti d'une soudaine fuite[4].
Le fourbe qui longtemps a pu vous imposer[5]
Depuis une heure au Prince a su vous accuser,
Et remettre en ses mains, dans les traits[6] qu'il
[vous jette,
D'un criminel d'État l'importante cassette,
Dont, au mépris, dit-il, du devoir d'un sujet,
Vous avez conservé le coupable secret.

---

1. Cf. l'ami anonyme — et invisible — d'Alceste qui, dans *Le Misanthrope* (IV, 4, vers 1457-1470), juste après la visite d'un huissier — double de M. Loyal — (*ibid.*, vers 1449-1456), l'avertit du péril qui le menace. **2.** À vous (en tant que père de Mariane). **3.** « Pas difficile », explique Richelet : « Affaire dangereuse et où il faut aller bride en main, où l'on doit se conduire avec beaucoup de circonspection. » Ici l'indiscrétion commise par Valère est un acte compromettant, qui risque de lui valoir des ennuis si cela s'apprend. Elle est moins difficile que « délicate ». « Délicat », observe Furetière, se dit « des affaires épineuses ». **4.** Dont il découle que vous voilà réduit à fuir sans délai. **5.** « Tromper, en faire accroire » (Richelet). **6.** Pour perdre Orgon, Tartuffe n'hésite pas à faire flèche de tout bois, tous les traits lui sont bons (voir les vers 1851 et surtout 1864).

J'ignore le détail du crime qu'on vous donne[1] ;
Mais un ordre est donné contre votre personne ;
Et lui-même est chargé, pour mieux l'exécuter,
D'accompagner celui qui vous doit arrêter.

CLÉANTE

Voilà ses droits armés[2] ; et c'est par où le traître
De vos biens qu'il prétend[3] cherche à se rendre
[maître.

ORGON

L'homme est, je vous l'avoue, un méchant
[animal !

VALÈRE

Le moindre amusement[4] vous peut être fatal.
J'ai, pour vous emmener, mon carrosse à la porte,
Avec mille louis qu'ici je vous apporte.
Ne perdons point de temps : le trait est
[foudroyant,
Et ce sont de ces coups que l'on pare en fuyant.
À vous mettre en lieu sûr je m'offre pour
[conduite[5],
Et veux accompagner jusqu'au bout votre fuite.

ORGON

Las ! que ne dois-je point à vos soins obligeants[6] !
Pour vous en rendre grâce il faut un autre temps ;
Et je demande au Ciel de m'être assez propice,
Pour reconnaître un jour ce généreux service.
Adieu : prenez le soin, vous autres...

---

1. Qu'on vous attribue. **2.** Ses prétentions soutenues par la force publique. **3.** « Prétendre : c'est-à-dire espérer d'avoir » (Richelet). **4.** Retard. **5.** Pour escorte. **6.** Chrysale et Philaminte, lorsqu'ils se croient ruinés, trouveront de même en Clitandre un dévouement à toute épreuve (voir *Les Femmes savantes*, V, 4, vers 1729-1732).

CLÉANTE

Allez tôt :
Nous songerons, mon frère, à faire ce qu'il faut.

Scène dernière

L'EXEMPT, TARTUFFE, VALÈRE, ORGON, ELMIRE, MARIANE, *etc.*

TARTUFFE

Tout beau[1], Monsieur, tout beau, ne courez point
[si vite
Vous n'irez pas fort loin pour trouver votre gîte,
Et de la part du Prince on vous fait prisonnier.

ORGON

Traître, tu me gardais ce trait pour le dernier ;
C'est le coup, scélérat, par où tu m'expédies[2],
Et voilà couronner toutes tes perfidies.

TARTUFFE

Vos injures n'ont rien à me pouvoir[3] aigrir,
Et je suis pour le Ciel appris à tout souffrir.

CLÉANTE

La modération est grande, je l'avoue.

DAMIS

Comme du Ciel l'infâme impudemment se joue !

TARTUFFE

Tous vos emportements ne sauraient m'émouvoir,
Et je ne songe à rien qu'à faire mon devoir.

---

1. Doucement. **2.** Tu m'achèves. « Expédier : tuer. Faire mourir » (Richelet). **3.** Rien qui puisse. Au vers suivant, « je suis appris » : j'ai appris et je suis accoutumé.

MARIANE
Vous avez de ceci grande gloire à prétendre,
Et cet emploi pour vous est fort honnête à
[prendre.

TARTUFFE
Un emploi ne saurait être que glorieux,
Quand il part du pouvoir qui m'envoie en ces
[lieux.

ORGON
Mais t'es-tu souvenu que ma main charitable,
Ingrat, t'a retiré d'un état misérable ?

TARTUFFE
Oui, je sais quel secours j'en ai pu recevoir ;
Mais l'intérêt du Prince est mon premier devoir ;
De ce devoir sacré la juste violence
Étouffe dans mon cœur toute reconnaissance,
Et je sacrifierais à de si puissants nœuds
Ami, femme, parents, et moi-même avec eux.

ELMIRE
L'imposteur !

DORINE
Comme il sait de traîtresse manière,
Se faire un beau manteau[1] de tout ce qu'on
[révère !

CLÉANTE
Mais s'il est si parfait que vous le déclarez,
Ce zèle qui vous pousse et dont vous vous parez,
D'où vient que pour paraître il s'avise d'attendre

1. Le mot et l'image se retrouveront dans *Dom Juan* (V, 2) : « Combien crois-tu que j'en connaisse [...] qui se sont fait un bouclier du manteau de la religion [...]. »

Qu'à poursuivre[1] sa femme il ait su vous
[surprendre,
Et que vous ne songez à l'aller dénoncer
Que lorsque son honneur[2] l'oblige à vous
[chasser ?
Je ne vous parle point, pour devoir en distraire,
Du don de tout son bien[3] qu'il venait de vous
[faire ;
Mais le voulant traiter en coupable aujourd'hui,
Pourquoi consentiez-vous à rien[4] prendre de lui ?

TARTUFFE, *à l'exempt*[5]
Délivrez-moi, Monsieur, de la criaillerie,
Et daignez accomplir votre ordre, je vous prie.

L'EXEMPT
Oui, c'est trop demeurer sans doute à
[l'accomplir :
Votre bouche à propos m'invite à le remplir ;
Et pour l'exécuter, suivez-moi tout à l'heure
Dans la prison qu'on doit vous donner pour
[demeure.

TARTUFFE
Qui ? moi, Monsieur ?

L'EXEMPT
Oui, vous.

TARTUFFE
Pourquoi donc
[la prison ?

1. En train de poursuivre. 2. Son honneur de mari. 3. Je n'invoque point la donation qui, par un sentiment de reconnaissance légitime, aurait dû vous détourner (« distraire ») de le dénoncer. 4. Quoi que ce soit. 5. « Sorte d'officier dans les gardes du corps qui commande après les lieutenants et enseignes » (Richelet). « Ils sont ordinairement employés à faire des captures ou autres exécutions à la tête de quelques gardes ou archers » (Furetière).

L'EXEMPT

Ce n'est pas vous à qui[1] j'en veux rendre raison.
Remettez-vous, Monsieur, d'une alarme si
[chaude.
Nous vivons sous un Prince ennemi de la fraude,
Un Prince dont les yeux se font jour dans les
[cœurs,
Et que ne peut tromper tout l'art des imposteurs.
D'un[2] fin discernement sa grande âme pourvue
Sur les choses toujours jette une droite vue ;
Chez elle jamais rien ne surprend trop d'accès[3],
Et sa ferme raison ne tombe en nul excès.
Il donne aux gens de bien une gloire immortelle ;
Mais sans aveuglement il fait briller ce zèle,
Et l'amour pour les vrais ne ferme point son cœur
À tout ce que les faux doivent donner d'horreur.
Celui-ci n'était pas pour[4] le pouvoir surprendre,
Et de pièges plus fins on le voit se défendre.
D'abord[5] il a percé, par ses vives clartés,
Des replis de son cœur toutes les lâchetés.
Venant vous accuser, il s'est trahi lui-même,
Et par un juste trait de l'équité suprême,
S'est découvert au Prince un fourbe renommé,
Dont sous un autre nom il était informé ;
Et c'est un long détail d'actions toutes noires
Dont on pourrait former des volumes d'histoires.
Ce monarque, en un mot, a vers[6] vous détesté
Sa lâche ingratitude et sa déloyauté ;
À ses autres horreurs il a joint cette suite,

---

1. Ce n'est pas à vous que... **2.** L'édition de 1682 signale comme coupés à la représentation les vers 1909-1916 et 1919-1932, coupures auxquelles P. Régnier *(Le Tartuffe des comédiens)* ajoute encore, pour son temps, celle des vers 1917-1918. **3.** Rien ne reçoit de lui un accueil plus favorable que cela ne le mérite. **4.** Pas de force à... **5.** De prime abord. « Ses vives clartés » : ses lumières. On notera, dans ces vers, l'image solaire que Molière donne du Prince, assimilant son regard à la lumière qui perce les ténèbres. Le thème était devenu traditionnel depuis Malherbe (voir par exemple sa *Prière pour le roi allant en Limousin*, vers 51 : « Aux lieux les plus profonds ils seront éclairés », etc.). **6.** Envers.

Et ne m'a jusqu'ici soumis à sa conduite
Que pour voir l'impudence aller jusques au bout,
Et vous faire par lui faire raison[1] de tout.
Oui, de tous vos papiers, dont il se dit le maître,
Il veut qu'entre vos mains je dépouille le traître.
D'un souverain pouvoir, il brise les liens
Du contrat qui lui fait un don de tous vos biens,
Et vous pardonne enfin cette offense secrète
Où vous a d'un ami fait tomber la retraite[2] ;
Et c'est le prix qu'il donne au zèle qu'autrefois
On vous vit témoigner en appuyant ses droits,
Pour montrer que son cœur sait, quand moins on [y pense[3],
D'une bonne action verser la récompense,
Que jamais le mérite avec lui ne perd rien,
Et que mieux que du mal il se souvient du bien.

DORINE

Que le Ciel soit loué !

MADAME PERNELLE

Maintenant je respire.

ELMIRE

Favorable succès !

MARIANE

Qui l'aurait osé dire ?

ORGON, *à Tartuffe*

Hé bien ! te voilà, traître...

CLÉANTE

Ah ! mon frère, arrêtez,
Et ne descendez point à des indignités ;

---

1. « Raison. Ce mot [...] signifie une sorte de vengeance, une sorte de réparation et de satisfaction à cause de l'injure qu'on a reçue » (Richelet). **2.** La fuite à l'étranger. **3.** Quand on y pense le moins.

À son mauvais destin laissez un misérable,
Et ne vous joignez point au remords qui l'accable :
Souhaitez bien plutôt que son cœur en ce jour
Au sein de la vertu fasse un heureux retour,
Qu'il corrige sa vie en détestant son vice
Et puisse du grand Prince adoucir la justice,
Tandis qu'à sa bonté vous irez à genoux
Rendre ce que demande un traitement si doux.

ORGON

Oui, c'est bien dit : allons à ses pieds avec joie
Nous louer des bontés que son cœur nous déploie.
Puis, acquittés un peu de ce premier devoir,
Aux justes soins d'un autre il nous faudra [pourvoir,
Et par un doux hymen couronner en Valère
La flamme d'un amant généreux et sincère.

DOSSIER

Jacques Charon et Robert Hirsch
Comédie-Française, 1968.

COMMENTAIRES

Analyse de l'action

L'exposition, admirée de Goethe comme un modèle du genre, commence par une présentation très vivante des personnages. Les éléments de l'intrigue ne seront ensuite mis en place que progressivement, au cours des deux actes liminaires et même au début du troisième. La première scène (I, 1) introduit le spectateur dans la famille d'Orgon. Celle-ci comprend sa mère, sa seconde épouse, son fils et sa fille du premier lit, son beau-frère, ainsi que la servante attachée comme suivante à la jeune fille. On reconduit la vieille dame, qui sort en colère, non sans avoir dit à chacun son fait. Dévote, elle défend Tartuffe envers et contre tous, approuvant son fils de l'avoir installé dans la maison et de se reposer sur lui du soin de tout contrôler. Les scènes suivantes (I, 2, 4, 5) permettent de mesurer jusqu'où va l'aveuglement d'Orgon pour son protégé. Celle du « pauvre homme », justement célèbre, est invoquée par Bergson à l'appui de sa théorie sur le rire, provoqué selon lui par le spectacle du « mécanique plaqué sur du vivant ». Cléante, le « raisonneur » de la pièce, insiste en vain sur la différence qui sépare le vrai chrétien de sa contrefaçon. Lorsqu'il sonde Orgon sur ce qui le porte à différer le mariage de Mariane avec

Valère, d'où dépend aussi celui de Damis avec la sœur du fiancé, son interlocuteur, plus buté que jamais, se montre évasif.

On apprend au début de l'acte suivant le motif de ses réticences : il destine sa fille à Tartuffe (II, 1). Dorine l'irrite par ses impertinences, mais ne parvient pas à le détourner de ce dessein (II, 2). Mariane se désespère (II, 3), tandis que sa suivante, qui la voudrait plus combative, l'accable sous d'ironiques railleries. Valère survient, alarmé. Une querelle s'élève entre les deux jeunes gens, sous l'œil amusé de la servante, qui les réconcilie et prépare, contre Tartuffe, tout un plan de bataille (II, 4). Elle songe surtout à tirer parti du faible qu'elle devine en Tartuffe pour Elmire.

Celle-ci consent à solliciter du faux dévot un entretien particulier, autour duquel s'organise tout l'acte central. Dorine en informe Damis pour l'empêcher de tout compromettre par un coup de tête (III, 1). L'imposteur, jusqu'alors absent, paraît. Dès qu'il se sent observé, l'hypocrite prend le masque et joue son rôle, affectant une pudibonderie dont la servante, généreusement décolletée, se raille (III, 2). En tête-à-tête avec Elmire (III, 3), il se montre vite plus entreprenant et risque une déclaration fervente en termes de spiritualité mystique, avant de s'expliquer avec un tranquille cynisme. La scène marque le sommet de la pièce, comme elle en occupe le centre. Soucieuse de servir Mariane, sa belle-mère laisserait dire sans broncher le grotesque séducteur. Mais Damis, indigné, sort de sa cachette (III, 4). Il rapporte à son père ce qui vient de se passer (III, 5). Le coupable pris au piège se tire de ce mauvais pas, comme le Montufar de Scarron dans sa nouvelle des *Hypocrites*, par une confession édifiante de son ignominie. Orgon chasse de la maison son fils (III, 6). Il y retient Tartuffe, entend qu'il s'affiche avec sa femme, l'enjoint d'accepter une donation de tous ses biens, plus résolu que jamais à le prendre pour gendre (III, 7). La crise progresse vers son paroxysme.

Cléante, à l'acte IV, tente une démarche en faveur du jeune homme proscrit et dépossédé. Pressé par ses raisons, le fourbe invoque, pour se dérober, le prétexte d'un « devoir pieux » (IV, 1). Mariane se jette en suppliante aux genoux de son père, préférant le cloître plutôt qu'un mariage odieux. Orgon se sent sur le point de s'attendrir, mais, pressé par toute la famille, il s'obstine et tient bon (IV, 3). Afin de le désabuser, sa femme ne voit d'autre ressource qu'un nouvel entretien avec l'imposteur (IV, 4), auquel il assistera dissimulé sous la table (IV, 5). Cette seconde entrevue, plus scabreuse, en s'infléchissant vers le registre de la farce (IV, 5), répète la première avec une tension dramatique accrue, en même temps que s'établit de l'une à l'autre un contrepoint subtil : les avances, ici, viennent de la jeune femme, qui doit d'abord surmonter les défiances d'un Tartuffe rendu prudent. Le rôle du témoin secret est tenu cette fois par le mari lui-même, caché, non dans la coulisse, mais sur la scène, et sa lenteur à se montrer contraste plaisamment avec la bouillante pétulance de son fils. Il finit par sortir, abasourdi (IV, 6), et somme le traître de déguerpir, oubliant la donation générale par laquelle il vient de se dépouiller en sa faveur (IV, 7). Le sort d'une mystérieuse cassette, non encore mentionnée précédemment, porte à la fin de l'acte (IV, 8) le suspens à son comble.

Il s'agit, apprend-on (V, 1), d'un dépôt compromettant qu'Orgon, pour la tranquillité de sa conscience, a mis entre les mains de Tartuffe. Son protégé de naguère dispose ainsi contre lui d'une arme terrible. Devant le danger, la famille se rassemble. Damis revient, prêt à venger son père (V, 2). Mme Pernelle, accourue, refuse avec une opiniâtreté désespérante de croire ce que son fils lui dit du faux dévot (V, 3). Il faut, pour la détromper, l'arrivée de M. Loyal, huissier chargé par Tartuffe d'expulser les occupants de la maison (V, 4 et 5). Valère, ami dévoué, prévient le père de sa fiancée qu'il doit fuir de toute urgence pour éviter d'être arrêté (V, 6). Trop tard, car surgit, flanqué d'un exempt, son dénonciateur, insensible à l'insulte comme inaccessible à la pitié. La situation, apparemment sans issue, ne peut être dénouée que par l'intervention d'un *deus ex machina* : le scélérat, recherché pour d'autres forfaits, n'a pu déjouer la clairvoyance du prince. Il prendra donc en prison la place d'Orgon qui, rétabli dans ses biens, se voit lavé de tout crime en considération de son loyalisme pendant la Fronde. Rien ne s'oppose plus à l'union de Mariane et de Valère (V, 7).

Les personnages

La pièce comporte, y compris Flipote, figurante muette, qui disparaît après la première scène, une douzaine de personnages. Hormis l'intrus, invisible avant le troisième acte, M. Loyal et l'Exempt, qui figurent seulement dans le dernier, les huit autres forment, au sens large, les différents membres d'une même famille. Elle comprend Orgon, sa mère, sa seconde femme et son beau-frère, son fils et sa fille du premier lit, ainsi que le fiancé de la jeune fille et la fidèle servante qui se considère comme de la maison.

TARTUFFE. L'hypocrite, à la création, était interprété par Du Croisy, comédien de belle prestance, grand de taille, avec de l'embonpoint. En province, il avait joué les premiers rôles d'amoureux, mais il avait, en 1669, atteint ou dépassé la quarantaine et tendait à se spécialiser dans les emplois comiques. Après lui se constate une double tradition du rôle. Alors que ses premiers successeurs infléchirent leur interprétation vers la charge caricaturale, plus tard, tombant dans l'excès contraire, on mit dans le jeu trop de sérieux et de gravité, si bien que P. Régnier, sociétaire de la

Comédie-Française, dans des notes publiées par la revue *Le Moliériste* en décembre 1881, que reprend son *Tartuffe des comédiens*, a pu se demander « à quel emploi appartient ce rôle difficile ? aux premiers rôles ou aux premiers comiques ? » et conclure que « le rire que doit exciter Tartuffe ne saurait être le rire de la farce, mais celui de la haute, et de la très haute comédie ».

S'appuyant sur cette analyse, Jules Lemaitre, en 1896, a proposé de voir dans la pièce la juxtaposition de « deux Tartuffe » : celui qu'on ne connaît au début que par ouï-dire, tel que le décrivent Dorine avec malice, Orgon avec naïveté, sorte « d'épais et hideux bedeau » qui « pète de santé », « goinfre » qui rote à table, « laid, d'aspect repoussant », « brute sans aucune finesse », bref « un pourceau de sacristie, un grotesque, un bas cafard de fabliau, une trogne de "moine moinant de moinerie", violemment taillée à coups de serpe par l'anticléricalisme (déjà !) du libertin Molière », un « gueux [...], marmiteux [...], balourd [...], incongru ». Mais voici que surgit ensuite, sous les yeux du spectateur, « un homme de bonne éducation [...], gentilhomme pauvre, et qui, même au temps de sa détresse, a conservé un valet », qui « sans doute, dans son tête-à-tête avec Elmire [...] débute assez lourdement par l'emploi du "jargon de la dévotion" ; mais, insensiblement, [...] sait tourner ce jargon en caresse, et le rapproche enfin de la langue vaguement idéaliste que l'amour devait parler, cent cinquante ans après Molière, dans des poésies et des romans romanesques et qui a plu si longtemps aux femmes... ». Le critique, naturellement, ne développe ce paradoxe que pour mieux reconstituer ensuite l'unité du personnage ; et de déclarer que « Tartuffe est un », qu'il « n'y a qu'un Tartuffe », le second, mais que « l'acteur qui le jouera fera bien de se souvenir, après tout, de la figure qu'a pu prendre Tartuffe dans l'imagination de Dorine », afin de ne pas le pousser à l'excès jusqu'au sombre.

Le personnage déconcerte et fascine, vivante énigme. Que se cache-t-il derrière son hypocrisie ? Foi simplement pervertie par la *libido dominandi* jointe au démon de la concupiscence ? Indifférence religieuse poussée comme chez Dom Juan jusqu'à la négation de Dieu ? La question reste vouée à demeurer sans réponse, tant le masque de la dévotion lui colle au visage. Le théâtre ne peut éclairer de lui que l'extérieur, laissant dans l'ombre le secret de l'âme, qui nous échappe et se dérobe. Aucun de ces monologues dont le théâtre classique, ailleurs, offre tant d'exemples, nous introduisant dans l'intimité de ses pensées, ne livre sa vérité profonde. Les ordres qu'il donne à son valet sont criés à la cantonade, pour la galerie. On l'imagine mal dialoguant avec lui dans le tête-à-tête comme Dom Juan avec le sien. Il ne se livre pas, sauf devant Elmire, mais par une imprudence qui finit de proche en proche par entraîner sa perte. Il s'avance masqué, ce qui le rend insaisissable et l'apparente aux héros baroques. Ses simagrées ne tromperaient guère cependant, sans l'insondable crédulité de la dupe sur laquelle il a jeté son dévolu. Tout le mal vient de l'opiniâtre complaisance que met Orgon à s'aveugler.

ORGON. De ce dernier, présent dans vingt scènes, alors que l'imposteur ne paraît que dans dix, Molière s'était attribué le rôle, qui, rappelle Régnier dans son *Tartuffe des comédiens*, « appartient à l'emploi des manteaux », expression qui désigne, en argot de métier, les personnages graves et âgés. Son costume, nous apprend l'inventaire de sa garde-robe après son décès, consistait en « pourpoint, chausses et manteau de vénitienne noire, le manteau doublé de tabis et garni de dentelle d'Angleterre, les jarretières et ronds de souliers et souliers, pareillement garnis ». Une gravure, attribuée à Jean Lepautre, qu'on date par conjecture de 1669, en donne, semble-t-il, une idée assez exacte. Tout, dans cet ensemble, dénote un bourgeois cossu. Présent d'un bout à l'autre de la pièce, Orgon occupe la scène bien plus que Tartuffe. Il prononce un nombre plus élevé de répliques et de vers. Tous deux forment un couple comparable, par certains côtés, à celui de Dom Juan et de Sganarelle. Comme envoûté par le faux dévot qu'il a recueilli dans sa maison et pris pour directeur, Orgon est entré dans la catégorie des monomanes qui sacrifient tout à leur idée fixe. Il tyrannise sa famille, abuse de son autorité paternelle, s'emporte dès qu'on lui tient tête. Encore, à la différence d'un Harpagon, d'un Monsieur Jourdain, d'un Argan, que rien ne corrige de leur vice, de leur passion, de leur chimère, finit-il par ouvrir les yeux. Mais il ne se rend à la raison qu'à regret, au terme d'une expérience mortifiante pour son amour-propre, qui le guérit moins qu'elle ne le dispose à tomber d'un excès dans l'excès contraire, de sorte que sa désillusion prélude, un instant, à la misanthropie d'Alceste, tandis qu'en Cléante, plus raisonnable et plus charitable, s'annonce déjà l'indulgente philosophie de Philinte.

ELMIRE. Le rôle était interprété, à la création, par Armande Béjart, que Molière avait épousée le 20 février 1662. Le gazetier Robinet, dans sa lettre en vers du 23 février 1669, la loue pour son naturel dans cette pièce. Le personnage, aux yeux de certains, demeure ambigu, pour ne pas dire équivoque. La critique, à son égard, constatait P. Régnier à la fin du siècle dernier, « se montre presque toujours partagée » : « Les uns voient dans l'épouse d'Orgon une femme jeune, aimable, spirituelle, ayant du penchant pour le monde et ses réunions, parfaitement honnête, mais dont l'honneur, comme elle le dit, n'est point armé de griffes et de dents, ni la vertu "diablesse", et qui sait allier à la grâce et au charme de la jeunesse la mesure, le tact et le digne maintien d'une belle-mère. Les autres demandent qu'à son honnêteté, Elmire joigne de la coquetterie, que ses manières de femme au courant de bien des choses, indiquent aussi une personne dont on ne scandalise pas facilement la pudeur, de telle façon que Tartuffe puisse s'y méprendre, et ne craigne point, dans ses emportements, de trouver farouche une vertu si libre et si gaie. » Plusieurs actrices titulaires du rôle ont presque voulu voir en elle une Célimène, au moins en puissance, veuvage en moins. Elles ont commis un contresens, prenant trop au sérieux les reproches que la belle-mère, d'entrée, adresse à sa bru, sur les dépenses occasionnées par sa toilette comme sur son goût pour les plaisirs de la vie mondaine, et se fondant sur le stratagème qu'elle organise afin que l'imposteur se prenne dans ses filets, sans considérer combien cette entrevue lui coûte, l'oblige à prendre sur elle, la met « au supplice ». Elmire, une rouée ? Elle apparaît au rebours comme le contraire d'une Béline, la marâtre du *Malade imaginaire*. Elle compte, parmi les figures féminines de Molière, comme l'une des plus délicatement attachantes, foncièrement sage, mais sans fausse pruderie.

CLÉANTE. Le frère d'Elmire était incarné par La Thorillière, que son visage constamment riant prédisposait mal à jouer les rois dans la tragédie, mais qui tenait en général, dans la comédie, les rôles sérieux. Le personnage entre dans la catégorie des « raisonneurs ». La place un peu marginale qu'il occupe dans la famille le désigne pour les entremises officieuses. Tant auprès d'Orgon que de Tartuffe, pourtant, les démarches qu'il tente en faveur de sa nièce et de son neveu par alliance ne seront couronnées d'aucun succès : ni l'un ni l'autre de ses interlocuteurs ne se trouve en humeur d'entendre raison. Il horripile son beau-frère, qui prend le parti de ne rien lui répondre. Il serre de près l'hypocrite, qui résiste pied à pied, puis, à bout d'arguments, se dérobe. On l'a regardé comme le porte-parole de Molière. Il semble toutefois imprudent d'attribuer à l'auteur de la pièce les convictions qu'il prête à son personnage. Si Cléante plaide pour une attitude religieuse qui se situe à mi-distance du libertinage et du fanatisme, s'il rend hommage à la noble ferveur d'un véritable zèle pour mieux stigmatiser ses contrefaçons, s'il déteste le pharisaïsme, préconise une dévotion « humaine et traitable », fondée sur l'humilité, la pratique des vertus, l'absence d'acharnement contre le pécheur sinon de haine contre le péché, bref s'il prêche, à l'usage de l'honnête homme, une religion moins soucieuse de dogme que de morale, ces prises de position sont toutes commandées par les besoins de l'intrigue ou la logique interne de la pièce. Il apparaît dès lors plutôt, dans la dynamique et l'équilibre de l'ensemble, comme un indispensable « contrepoids », suivant un mot de Sainte-Beuve. Il permet de placer Orgon entre un croyant de foi modérée mais sincère et le simulateur qui, forçant le trait, donne dans un rigorisme outré. Tartuffe, de même, se trouve confronté tour à tour avec deux variétés opposées de dévots : ceux dont la naïve crédulité se laisse prendre à ses grimaces, et ceux qui le percent à jour.

Mme Pernelle. Le rôle était, à l'origine, tenu par un homme, suivant un usage traditionnel dans la farce. Il fut créé par Louis Béjart, dit Léguisé, le plus jeune frère de Madeleine. Un coup d'épée l'avait rendu boiteux. Il devait se retirer en 1670, à quarante ans, pour devenir officier. Il jouait d'ordinaire les vieillards, ou les valets. La mère d'Orgon n'apparaît que dans la toute première scène et à la fin de l'acte V. Modèle du personnage protatique, dès que le rideau se lève, elle tient tête à toute la famille, excepté son fils encore absent : « C'est, écrit Fernand Ledoux dans sa mise en scène de *Tartuffe*, un véritable combat sportif qui nous est proposé : d'une part, une dame âgée, toute en nerfs, en emportements, criant, pestant, jurant, ne tirant son autorité et sa méchanceté que du seul privilège que lui confère son âge ; d'autre part, une équipe solide et sensée [...], ne pouvant que nous séduire et nous entraîner à sa suite. Aussitôt le public se porte dans le camp d'Elmire, de Mariane, de Dorine, de Cléante et de Damis et prend position contre l'entêtement et l'aveuglement de la vieille acariâtre. » Ne laissant à personne placer plus de quatre mots, elle rive à chacun son clou, dans une langue d'une verdeur volontairement crue, rehaussée de locutions populaires et de termes archaïques. À cette charge menée tambour battant succède par un mouvement inverse une contre-attaque de la famille coalisée contre Tartuffe qui l'oblige à battre en retraite. Mais elle n'abandonne le terrain que pied à pied, non sans s'être lancée dans une diatribe en forme de sermon burlesque sur les damnables divertissements de la société mondaine. Au dénouement, répond à cette scène celle où la mère non encore détrompée sur le compte de l'hypocrite et le fils fraîchement désillusionné rivalisent d'obstination l'un contre l'autre, Mme Pernelle cherchant à noyer sous le flot de ses paroles une vérité qu'elle refuse d'entendre, et surtout d'admettre. Épisodique, mais haute en couleur, elle enrichit une pièce tirant vers le sombre d'un comique plus appuyé qui contribue à l'empêcher de virer au noir.

DORINE fut interprétée pour la première fois par Madeleine Béjart, rompue de longue date à jouer les suivantes ou servantes de comédie. Lequel de ces deux titres lui donner ? La liste des acteurs la désigne comme « suivante », non d'Elmire, mais de Mariane, à qui probablement elle a tenu lieu de mère, et Mme Pernelle, péremptoirement, la définit comme « une fille suivante ». Mais le gazetier Charles Robinet la qualifie de « maîtresse servante ». On a parfois jugé que son rôle manque d'homogénéité. Dans la première scène de la version définitive, observe-t-on, lorsqu'elle trace, en quelques vers antérieurement prononcés par Cléante, le portrait d'Orante la prude, elle ne parle pas un langage aussi trivial que par la suite, quand elle brocarde Tartuffe, nargue son maître sur sa lubie de le prendre pour gendre, se divertit, dans la scène du mouchoir, à malmener par la verdeur crue de sa riposte la feinte pudibonderie de l'imposteur, ou brave M. Loyal. Pourtant, on peut n'être pas choqué par une disparate moins sensible qu'on ne l'a dit. Ses insinuations malicieuses sur l'inconduite de Daphné, la voisine, et la complaisance de son « petit époux » ne diffèrent pas essentiellement de la façon dont elle peint ensuite les attentions attendries d'Orgon pour son grand homme, ni de ses impertinences dans l'étourdissant récit sur la migraine de sa maîtresse et l'excellente nuit passée par « le pauvre homme ». Partout se reconnaît le même franc-parler, la même démangeaison de mettre dans la conversation son grain de sel, sa vivacité de repartie, son aplomb, son entrain inaltérable jusqu'au plus fort de la crise, sa combativité, sa clairvoyance, une fertilité d'expédients qui la rend sœur des Mascarille et des Scapin, avec un dévouement à toute épreuve, un attachement quasi maternel pour Mariane, et non moins de cœur, sous sa gaieté volontiers railleuse, que d'esprit. Figure étonnante, au total, de vie et de vérité profonde, plus fouillée, mieux individualisée que la banale soubrette de comédie.

DAMIS et sa sœur MARIANE nés d'un premier mariage, ne sont pas moins finement différenciés. Tous deux tiennent de leur père un caractère prompt à s'emporter, à se piquer. Mais le frère se montre plus bouillant. Il cède avec l'ardeur et presque l'étourderie de la jeunesse à ses premiers mouvements. S'il supporte mal de se plier à l'autorité d'emprunt que prétend imposer abusivement Tartuffe à toute la famille, il ne se rebelle pas contre son père. À la différence de Cléante dans *L'Avare*, il se laisse maudire, chasser, déshériter sans réplique, remettant à son oncle par alliance le soin de défendre ses intérêts ou de plaider sa cause, et revient, sans rancune, à la première nouvelle du péril qui menace les siens. La jeune fille, plus réservée, dissimule son ombrageuse susceptibilité sous une douceur qu'il ne faudrait point prendre pour de l'apathie, car elle montre vite qu'elle saurait se porter aux solutions les plus extrêmes et, d'abord interdite à l'idée du singulier mariage qu'on lui propose, elle réagit bientôt avec la fermeté du désespoir. Le rôle fut créé par Catherine de Brie, bien qu'elle touchât en 1669 à la cinquantaine. Damis fut interprété, lors de la première, par André Hubert, alors âgé de quarante-cinq ans. Il avait, l'année précédente, interprété Cléante, en révolte contre Harpagon. Il pouvait permettre au spectateur d'apprécier les similitudes entre les deux rôles, et les nuances qui les opposent.

La Grange, en VALÈRE, avait retrouvé son emploi de jeune premier, qu'il avait tenu sous le même nom dans *L'École des maris* et plus récemment dans *L'Avare*, avant d'incarner, sous celui de Clitandre, dans *Les Femmes savantes*, un personnage analogue d'amant généreux et sincère.

Reste enfin MONSIEUR LOYAL simple silhouette de sergent à verge, normand comme il se doit, surtout depuis *Les Plaideurs*, tardivement apparu comme un intrus de dernière heure, présent dans une seule scène, mais dessiné d'un trait sûr, en réplique à l'Intimé sous son travesti d'huissier dans la comédie de Racine, et laissant deviner, dans l'ombre de Tartuffe, qui jusqu'alors avait opéré, semble-t-il, pratiquement seul, un réseau de ramifications secrètes, ourdies par une tortueuse cabale.

Aucun personnage, on le voit, n'est sacrifié. Chacun bénéficie d'une scène, ou, pour les principaux, de plusieurs, où l'interprète peut donner la mesure de son talent. La pièce juxtapose une série de portraits qui se répondent, s'opposent et s'affrontent avec une intensité de vie dramatique, une puissance de vérité rarement atteintes.

Dramaturgie

Longtemps considéré comme le chef-d'œuvre et le modèle de la comédie classique, *Le Tartuffe*, depuis que se sont développées les études sur le baroque, est apparu sous un jour très différent. On ne peut aujourd'hui l'examiner sans le soumettre successivement à ce double éclairage.

Les unités de lieu, de temps, d'action sont observées avec aisance. La scène est située dans une « salle basse » (entendons qu'elle se trouve au rez-de-chaussée). Cette pièce forme une sorte de vestibule. Derrière le décor se devine une maison cossue qui possède une « galerie », pour les réceptions sans doute, comme chez les riches particuliers du temps. La chambre d'Elmire, comme le veut l'usage, est au premier. Orgon dispose en outre, comme nombre de bourgeois parisiens, d'une propriété sise à la campagne, dans les environs de la capitale. Les indications de temps sont laissées dans le vague. On sait seulement que l'action se passe après la Fronde, en hiver, et que le IVe acte commence vers trois heures de l'après-midi, moment où le jour, en cette saison, commence à diminuer, tandis que le dernier se passe le soir même, à la tombée de la nuit. Certes, à la fin, les événements se précipitent, mais sans invraisemblance excessive. Tartuffe, d'un saut, après être allé quérir M. Loyal, a pu se rendre chez le roi, qui n'habite pas encore Versailles, mais le Louvre. L'intrigue est fortement nouée. L'intrus a réduit le chef de famille à l'état de marionnette dont il tire les fils. De lui dépend donc le sort de tous. Comment se débarrasser de l'hypocrite ? Il faut guérir Orgon de son aveuglement. Tâche ardue, dont le succès même risque de mal tourner, car le fourbe est muni d'armes pour se venger. La tension va croissant, jusqu'au coup de théâtre final.

On observera comment, dès la première scène, une exposition « unique au monde », selon le jugement de Goethe, nullement statique, mais fort animée, met en place les personnages, les caractérise, dresse un premier portrait de Tartuffe encore absent et nous plonge, aussitôt que le rideau se lève, en pleine crise. On l'étudiera comme un excellent exemple de ce que Jacques Scherer appelle, dans Molière, une « scène de groupe », à laquelle répond symétriquement, à l'acte V, la réunion de la famille ressoudée par le péril.

Cette présentation se complète par des récits. On en dégagera ce qu'ils apprennent au spectateur sur le passé proche ou lointain (transformation d'Orgon depuis qu'il connaît Tartuffe, circonstances de cette rencontre, migraine d'Elmire la veille au soir).

Cléante, qui tient ici l'emploi de « raisonneur », s'efforce, en vain, de désabuser son beau-frère. Celui-ci le soupçonne d'être, sans le dire, entiché des opinions qu'affichent les libertins. Ne peut-on montrer cependant que rien dans ses propos, ni dans sa conduite ultérieure, n'autorise à mettre en doute la sincérité de ses convictions ?

L'acte II, qui tourne tout entier autour du mariage que médite Orgon entre sa fille et Tartuffe, a pu paraître moins nécessaire que les autres. Mais on voit aisément qu'il ajoute au portrait de l'imposteur des précisions importantes sur son physique, sa condition, ses origines. Les jeux de scène, le comique de geste, des évolutions qui tiennent de la chorégraphie donnent en outre à l'ensemble de cet acte un mouvement très allègre qui mérite une étude précise. Quant à la querelle passagère entre les amoureux, elle appelle une comparaison avec celles qui lui correspondent dans *Dépit amoureux* (IV, 3-4) et *Le Bourgeois gentilhomme* (III, 10) : rien ne montre mieux la virtuosité de Molière dans l'art d'exécuter des variations sur un même thème. Le schéma, chaque fois, demeure identique et se laisse décomposer en trois mouvements ou moments : dispute provoquée par un malentendu, décision réciproque de rompre mais qui se réduit à des velléités non suivies d'effet, raccommodement.

Le troisième acte contient la péripétie, définie comme un événement que rien (sauf une brève remarque de Dorine, dès l'exposition) ne laissait prévoir et qui modifie en profondeur la situation, mais non de manière irréversible. Ici l'élément nouveau consiste dans la déclaration par laquelle Tartuffe, jusqu'alors inattaquable, paraît donner prise sur lui. Le fourbe, un instant, s'est découvert. Comment vont réagir les différents personnages, chacun suivant son caractère ?

Le tête-à-tête d'Elmire avec le faux dévot représente une des scènes les plus osées dans tout notre théâtre classique. On peut en profiter pour examiner comment Molière a su concilier l'audace avec le respect des bienséances. La déclaration proprement dite occupe exactement le centre de la pièce. Elle en marque aussi le sommet. Ce passage, célèbre à juste titre, mérite une explication minutieuse. On en trouvera des matériaux sous la plume de Jacques Scherer, dans ses *Structures de Tartuffe*, et sous celle de Jacques Guicharnaud, dans *Molière, une aventure théâtrale*. Suivant les époques, la sensibilité du public, les interprètes du rôle, on a jugé Tartuffe, dans cette scène, ridicule, odieux, presque pitoyable, insidieusement séduisant et fascinant. Il vaut la peine, pour chaque spectateur ou lecteur, de s'interroger sur ses propres impressions et de se demander si le personnage doit susciter plutôt le rire que l'inquiétude, l'effroi, le dégoût.

La crise atteint son paroxysme à l'acte suivant, où la comédie tend à s'infléchir d'un côté vers le drame, de l'autre vers la farce bouffonne grâce au piège tendu par Elmire à l'hypocrite en présence du mari dissimulé sous la table. Cette seconde entrevue de la jeune femme avec Tartuffe doit être mise en parallèle avec la précédente. Les similitudes sautent aux yeux : l'entretien reprend où le premier s'était interrompu ; mêmes interlocuteurs, écoutés par un témoin caché. Mais d'un volet à l'autre du diptyque on constate une série de variations en forme de contrepoint. Les rôles sont inversés. Échaudé, le faux dévot se tient sur la défensive. Il appartient à l'instigatrice du stratagème de prendre les devants. Elle ignorait la présence de Damis dans un cabinet attenant. Elle sait son mari dans la pièce même, aux aguets : la comédie se donne pour lui. Pour confondre l'hypocrite, elle se voit contrainte de retourner contre lui ses propres armes. Elle s'est mise par là dans une position délicate. Elle ne doit pas lui donner trop tôt l'éveil. Mais l'obstination d'Orgon à ne pas broncher l'oblige à pousser l'épreuve plus loin que prévu. Non sans embarras, elle gagne du temps, comme elle peut. On mesure la progression dans le scabreux, comme dans le comique. Le burlesque de la situation provoque un rire plus franc que dans la scène correspondante à l'acte précédent. Mais aussi n'ouvre-t-il pas sur d'aussi troublantes profondeurs.

On a critiqué le dénouement comme artificiellement surajouté. Molière, pour le corser, imagine cette mystérieuse cassette dont jusqu'alors il n'avait pas été parlé. Quels papiers peut-elle bien contenir ? On songe aux séquelles de la Fronde, aux répercussions entraînées, pour les financiers, par l'arrestation de Foucquet, dont le procès, en mai 1664, n'était toujours pas jugé. L'idée aurait-elle été suggérée par Condé, qu'on voit s'intéresser de près à l'achèvement de la comédie, et qui n'avait pu regagner la France qu'à la paix des Pyrénées, en 1660 ? Une autre hypothèse vient à l'esprit : à la fin de *Sertorius*, en 1662, Corneille avait montré Pompée brûlant, sans la lire, une correspondance mise entre ses mains par un traître et contenant tout le détail d'une conspiration ourdie par une partie du sénat romain contre Sylla.

La tragédie, en 1664, est jouée sur la scène du Palais-Royal. Ne faut-il pas regarder cet épisode comme la source dont Molière se serait inspiré ?

La situation d'Orgon contraint à fuir, à la suite d'une dénonciation, pour échapper à l'emprisonnement, s'éclaire par une comparaison avec *Le Misanthrope* (IV, 4), où l'on voit Alceste courir le même danger, sous le coup d'une accusation calomnieuse, et risquer de perdre la liberté après une bonne partie de sa fortune. D'autres analogies s'établissent entre la fin de *Tartuffe* et celle des *Femmes savantes.* Clitandre, apprenant la prétendue ruine de Philaminte et de Chrysale, ne se conduit pas avec moins de générosité que Valère. Le désistement de Trissotin, comme ici l'éviction de l'imposteur, lui permet d'épouser celle qu'il aime et ramène l'euphorie.

Enfin, pour apprécier le classicisme de *Tartuffe*, on ne méditera pas sans profit cette réflexion de Chamfort : « La perfection d'une comédie de caractère consisterait à disposer l'intrigue de façon que cette intrigue ne pût servir à aucune autre pièce. Peut-être n'y a-t-il au théâtre que celle de *Tartuffe* qui pût supporter cette épreuve. »

Par d'autres aspects, cependant, la comédie s'apparente au courant qu'on désigne aujourd'hui comme baroque. « Quand Molière crée Tartuffe, écrit Jean Rousset dans *Circé et le Paon*, il utilise un personnage de souche baroque : celui qui se donne pour un autre qu'il n'est ; mais il le dépouille de tout prestige baroque et il l'installe dans une pièce de structure classique [...]. Aussi fera-t-il la comédie, non pas de l'hypocrite jouant ses différents rôles [...] mais de l'hypocrite démasqué, de l'hypocrite qui cesse d'être hypocrite ; il le prend au moment où il pose son personnage. »

Pour Jacques Guicharnaud, « il est permis de rattacher le dénouement de *Tartuffe* à certains aspects des œuvres de style baroque : tout événement qui se déroule sur le plan humain, représenté dans une œuvre d'art, l'est à la fois pour lui-même et dans son rapport avec les plans supérieurs [...]. Le Prince, par la bouche de l'Exempt, exprime ce jugement d'en haut, porté sur l'aventure de Tartuffe et d'Orgon. Il est installé, comme dans de nombreuses œuvres baroques, dans le ciel de la pièce. »

Jacques Scherer, de son côté, rappelle qu'en mai 1664, quand trois actes en furent présentés devant Louis XIV et sa cour, à Versailles, lors des divertissements qui prolongèrent les *Plaisirs de l'Île enchantée*, fête baroque par excellence, *Le Tartuffe* n'a point détonné.

Ajoutons que l'œuvre peut être envisagée comme une réflexion de Molière sur le thème du masque, et par conséquent sur l'essence même de son métier et de son art : le théâtre se fonde sur la vérité de l'apparence ou l'apparence de la vérité. L'une et l'autre s'échangent et tendent si bien à se confondre que rien ne permet plus de les discerner. De là vient l'impression de malaise ou de vertige que provoque la pièce : elle paraît, en dépit de toutes les précautions prises par le dramaturge, saper les fondements de la religion, comme, précisément à la même date, les *Maximes* de La Rochefoucauld ébranlent ceux de la morale.

Enfin, puisque l'hypocrite, par définition, comme Tartuffe le montre dès son entrée, joue le rôle qu'il s'est donné, le théâtre, chaque fois que le personnage paraît sur la scène, s'installe dans le théâtre. Cette structure en abyme présente ici moins de complexité que dans *L'Impromptu de Versailles*. Mais on observera qu'il faut, pour confondre le fourbe, monter contre lui toute une comédie et prendre un masque pour l'amener à déposer le sien. À trompeur, trompeuse et demie : la ruse d'Elmire réussit où la franchise de Damis avait échoué. La comédie de caractère, en *Tartuffe*, se double d'une comédie d'intrigue qui place la pièce dans l'optique du théâtre baroque.

La bataille de Tartuffe

Avant même que la pièce n'eût été représentée, elle inquiétait la très puissante et très secrète Compagnie du Saint-Sacrement, qui coordonnait sous main les actions menées par la cabale dévote. Dès le 17 avril 1664, afin de prévenir le mal que pourrait causer « la méchante comédie de *Tartuffe* », on y décidait « d'en parler à ses amis qui avaient quelque crédit à la Cour pour empêcher sa représentation ». L'archevêque de Paris, Hardouin de Péréfixe, fut chargé d'une démarche à ce sujet auprès de Louis XIV.

Les trois actes représentés à Versailles le 12 mai sont jugés très divertissants par les quelques centaines de spectateurs auxquels fut donné le privilège de les voir jouer ce soir-là. Mais aussitôt après le roi s'empresse d'interdire la pièce, ainsi que le proclame dès le 17 mai la très officielle *Gazette*, comme « absolument injurieuse à la religion et capable de produire de très dangereux effets ». Il a craint, explique un peu plus tard la *Relation* qu'on attribue (sans preuve décisive) à Charles Perrault sur les Plaisirs de l'Île enchantée, qu'une confusion ne s'établît trop aisément « entre ceux qu'une véritable dévotion met dans le chemin du Ciel et ceux qu'une vaine ostentation des bonnes œuvres n'empêche pas d'en commettre de mauvaises ». Pris de scrupules, il n'aurait pu « souffrir cette ressemblance du vice avec la vertu, qui pouvaient être prises l'une *[sic]* pour l'autre ». Sans douter « des bonnes intentions de l'auteur », il a préféré « se priver de ce plaisir, pour n'en pas laisser abuser à d'autres, moins capables d'en faire un juste discernement ». La campagne menée par les dévots n'avait pas mis longtemps à porter ses fruits. « Ce sont eux que l'on voit », dira bientôt Boileau dans son *Discours au Roi*,

Publier dans Paris que tout est renversé
Au moindre bruit qui court qu'un auteur les menace
De jouer des bigots la trompeuse grimace.

Pour eux un tel ouvrage est un monstre odieux,
C'est d'offenser les lois, c'est s'attaquer aux cieux [...]
Leur cœur qui se connaît et qui fuit la lumière,
S'il se moque de Dieu, craint *Tartuffe* et Molière.

Celui-ci ne reste pas inactif. Il tente auprès de Louis XIV, qui, de Versailles, a gagné Fontainebleau, plusieurs démarches, attestées le 24 mai par le gazetier Loret dans sa *Muse historique*, pour se plaindre au roi des censeurs qui « sur son *Hypocrite* [En marge : « comédie morale »] daubent « nuit et jour » :

Afin de repousser l'outrage,
Il a fait coup sur coup voyage,
Et le bon droit représenté
De son travail persécuté.

En août, quand le curé de Saint-Barthélemy dénonce en Molière « un homme, ou plutôt un Démon vêtu de chair et habillé en homme et le plus signalé impie et libertin qui fût jamais dans les siècles passés », appelant sur sa tête, en châtiment de son « attentat sacrilège » contre les directeurs de conscience, « un dernier supplice exemplaire et public et le feu même avant-coureur de celui de l'Enfer », l'auteur incriminé riposte par son premier placet, obtenant la suppression du virulent libelle.

Il multiplie en outre les « lectures particulières », puisque seules sont interdites les représentations publiques. Il obtient ainsi l'approbation du cardinal Chigi, neveu du pape, et son légat. Mais il consulte aussi des prélats français et trouve chez la plupart d'entre eux une audience favorable. En milieu janséniste même, à la fin d'août 1664, on ne dédaigne pas d'inviter l'auteur à venir lire une comédie qui, pense-t-on probablement, prolonge sur la scène le combat mené huit ou neuf ans plus tôt contre les jésuites par Pascal. « En ce temps-là, notera Boileau sur un vers de son *Repas ridicule*, tout le monde voulait avoir

Molière », pour « lui entendre réciter » l'œuvre défendue. Ménage se souviendra d'avoir assisté, chez Montmor, à l'une de ces lectures, en compagnie de Chapelain, de Marolles et de quelques autres. L'on ne saurait être surpris non plus qu'en Ninon de Lenclos, l'auteur de *Tartuffe* ait trouvé l'une de ses auditrices les plus intelligemment attentives. La cabale semble prête à déposer les armes : le 14 septembre, la Compagnie du Saint-Sacrement résout « de faire exhorter une personne de capacité de ne rien écrire contre la comédie de *Tartuffe* et l'on dit qu'il valait mieux l'oublier que de l'attaquer de peur d'engager l'auteur à la défendre ».

L'interdiction cependant n'était pas levée. Molière continuait à lutter. En 1665, à la fin de *Dom Juan*, il dénonce avec vigueur dans l'hypocrisie « un vice privilégié, qui, de sa main, ferme la bouche à tout le monde, et jouit en repos d'une impunité souveraine », et il se lance dans un implacable réquisitoire contre les « grimaciers ». En 1666, dans *Le Misanthrope*, il donne à son Alceste pour invisible et cauteleux adversaire un double de son Tartuffe. En 1667, fort d'une autorisation verbale accordée par le roi, peut-être, si l'on en croit les propos de Boileau rapportés par Brossette, sur les instances de Madame, il croit le moment propice à la représentation publique de sa comédie sur la scène du Palais-Royal, moyennant quelques précautions : changement de titre, ainsi que, pour le protagoniste, de nom et de costume, afin que, travesti de pied en cap en homme du monde, il ne rappelle plus en rien les « petits collets », demi-clercs, demi-laïcs dont la société de l'époque pullule. La tentative, prématurée, devait rester provisoirement sans lendemain. Molière avait mal choisi son jour. Le 6 août, date à laquelle fut pour la seule fois joué son *Imposteur*, Turenne levait le siège devant Dendermonde : premier échec dans une campagne de Flandre qui s'était déroulée jusqu'alors triomphalement comme une promenade militaire, tandis que les places tom-

Journal de la troupe de Molière :
l'interdiction de *Tartuffe*.

baient les unes après les autres. La nouvelle ne pouvait qu'inciter le président de Lamoignon, chargé pendant l'absence du roi d'assurer l'ordre dans la capitale, à redoubler de vigilance. Son appartenance plus que probable à la Compagnie du Saint-Sacrement, dont il semble avoir compté parmi les dirigeants les plus actifs, ne le portait déjà que trop à se montrer intransigeant. Le lendemain de cette première plus ou moins subreptice, il signifia par voie d'huissier aux comédiens une interdiction de continuer à représenter la pièce. « Il fit même, relate Brossette, qui prétend le tenir de Boileau, fermer et garder la porte de la comédie, quoique la salle fût dans le Palais-Royal », donc chez Monsieur. Molière s'en serait plaint à Madame. Henriette d'Angleterre aurait envoyé le futur abbé de Lavau chez le premier président, sans réussir à le fléchir. Une démarche auprès de Lamoignon est tentée, quelques jours plus tard par Molière lui-même, accompagné de Boileau, qui s'est offert, comme son ami et celui du magistrat, à le lui présenter. Le comédien reçoit un accueil flatteur, mais s'entend dire que « ce n'est pas au théâtre à se mêler de prêcher l'Évangile ». La fin de non-recevoir très ferme à laquelle il se heurte, car Lamoignon se refuse à prendre sur lui de lever l'interdiction avant le retour du roi, paraît avoir décontenancé son visiteur. Ne trouvant rien à répondre, Molière aurait bégayé jusqu'à ce que son interlocuteur lui donne congé, comme Tartuffe à Cléante, sous couleur que la messe l'appelait.

Dès le 8, cependant, Molière avait dépêché vers le roi deux acteurs de sa troupe, munis du deuxième placet. Vauban, quand ils arrivèrent auprès de Louis XIV, commençait l'investissement de Lille. Ils furent très bien reçus, grâce à la protection de Monsieur, et revinrent avec l'assurance que, lorsque le monarque aurait regagné Paris, la pièce, après examen, serait jouée.

Mais, entre-temps, Péréfixe avait, le 11 août, fulminé l'excommunication qui devait à nouveau museler Molière pour près d'un an et demi. Quand le traité d'Aix-la-Chapelle, signé le 2 mai 1668, eut mis fin à la guerre de Dévolution, et surtout quand la paix de l'Église, négociée à l'automne suivant, se fut concrétisée par le bref du 19 janvier 1669, le roi se trouva dans une position plus forte pour imposer ses volontés, en même temps que la cessation provisoire des hostilités entre les jansénistes et leurs adversaires semblait annoncer un retour à plus de sérénité. L'heure de *Tartuffe* put enfin sonner. Le montant exceptionnellement élevé des premières recettes, la bonne cinquantaine de représentations publiques ou privées qui se succédèrent jusqu'au mois d'octobre attestent l'ampleur d'un succès qui dédommagea largement Molière, bien qu'il vînt un peu tard, des longues années passées à batailler pour que son chef-d'œuvre ne succombât pas sous les coups portés par la cabale.

BIOGRAPHIE

1622. *15 janvier.* — Baptême à Paris de Jean-Baptiste Poquelin, fils d'un tapissier.

1636-1640. — Études au collège de Clermont, à Paris.

1643. *30 juin.* — La troupe de l'Illustre-Théâtre se constitue. Le futur Molière (il ne prendra ce pseudonyme, semble-t-il, que l'année suivante) et Madeleine Béjart signent l'acte d'association avec leurs camarades. Ils se produiront pour la première fois le 1er janvier 1644, au jeu de paume dit des Métayers, puis émigreront le 19 décembre suivant à celui de la Croix Noire. Bientôt la compagnie périclite (Molière, le 2 et le 4 août 1645, est même emprisonné pour dettes). Elle est obligée de se disperser.

1646-1658. — Molière et Madeleine Béjart jouent en province, d'abord dans la troupe dirigée par Charles Du Fresne, que patronne le duc d'Épernon, puis dans la compagnie qu'ils dirigent eux-mêmes et que protège depuis 1653 jusqu'en 1657 le prince de Conty.

1655. — Création, à Lyon, de *L'Étourdi.*

1656. — Création, à Béziers, de *Dépit amoureux.*

1658. *24 octobre.* — De retour à Paris, et désormais protégée par Monsieur, frère de Louis XIV, la troupe, dans la salle des gardes du vieux Louvre, joue devant Louis XIV *Nicomède*, tragédie de Corneille, puis *Le Docteur amoureux*, petit divertissement composé par Molière en province, dont le succès lui vaut de partager en alternance avec les Comédiens Italiens la salle du Petit Bourbon.

1659. *18 novembre. — Les Précieuses ridicules.*

1660. *28 mai. — Sganarelle ou le Cocu imaginaire.*
11 octobre. — Chassé sans préavis de son théâtre, qu'on va démolir, par M. de Ratabon, Molière obtient en échange la salle du Palais-Royal.

1661. *4 février. — Dom Garcie de Navarre ou le Prince jaloux.*
24 juin. — L'École des maris.
17 août. — Création des *Fâcheux* à Vaux-le-Vicomte, lors de la fête offerte au roi par le surintendant Foucquet.

1662. *20 février.* — Mariage de Molière et d'Armande Béjart, sœur ou, selon certains, fille de Madeleine, à Saint-Germain-l'Auxerrois. Le contrat avait été signé le 23 janvier.
26 décembre. — L'École des femmes.

1663. *1er juin. — La Critique de l'École des femmes.*
Entre le 16 et le 21 octobre. — L'Impromptu de Versailles, créé à Versailles.

1664. *19 janvier.* — Naissance de Louis, fils de Molière, baptisé le 28 février. Parrain : le roi. Marraine : Henriette d'Angleterre.
29 janvier. — Le Mariage forcé, créé au Louvre.
17 avril. — Le Tartuffe inquiète la Compagnie du Saint-Sacrement, qui songe aux moyens d'en empêcher la représentation.
30 avril-22 mai. — Molière et sa troupe séjournent à Versailles pour y participer aux Plaisirs de l'Île enchantée. Le 8 mai, *La Princesse d'Élide* est représentée pour la première fois. Le 12 sont joués trois actes de *Tartuffe*.

1er août. — Achève de s'imprimer *Le Roi glorieux au monde*, par le curé de Saint-Barthélemy, Pierre Roullé, qui s'en prend avec violence à l'auteur de *Tartuffe*. Molière, sans retard, réagit par son premier placet.
Entre le 20 et le 27 septembre. — Les trois premiers actes de *Tartuffe* sont donnés à Villers-Cotterêts, sur l'ordre de Monsieur, par Molière et sa troupe, venus en visite pendant le séjour de Louis XIV chez son frère.
29 novembre. — *Le Tartuffe* en cinq actes au Raincy, chez la Princesse Palatine, pour Condé.

1665. *15 février.* — *Dom Juan.*
4 août. — Baptême d'Esprit-Madeleine, fille de Molière.
14 août. — La troupe de Molière devient la Troupe du Roi au Palais-Royal et reçoit une pension de 7 000 livres.
14 septembre. — *L'Amour médecin*, créé à Versailles.
8 novembre. — *Le Tartuffe* et *L'Amour médecin* donnés au Raincy, chez la Princesse Palatine, par ordre de Condé. Le quatrième acte de *Tartuffe* ne paraît pas encore, à cette date, avoir pris sa forme définitive.

1665-1666. *Fin décembre-fin février.* — Molière gravement malade. Nouvelle alerte en avril 1667.

1666. *4 juin.* — *Le Misanthrope.*
6 août. — *Le Médecin malgré lui.*
2 décembre. — À Saint-Germain-en-Laye, création de *Mélicerte*, dont deux actes seulement ont été composés, qui prend place dans le *Ballet des Muses*, et que remplace à partir du 5 janvier 1667 *La Pastorale comique*, aujourd'hui perdue. Le 10 février, toujours à Saint-Germain et dans le cadre du même ballet, création du *Sicilien ou l'Amour peintre.*

1667. *5 août.* — Unique représentation, au Palais-Royal, de *L'Imposteur*, interdit dès le lendemain. La

Thorillière et La Grange sont aussitôt dépêchés, avec le deuxième placet de Molière, vers le roi, qui vient de mettre le siège devant Lille.
11 août. — Hardouin de Péréfixe, archevêque de Paris, publie une ordonnance interdisant à toutes personnes du diocèse « de représenter, lire ou entendre réciter » la comédie de L'Imposteur « soit publiquement, soit en particulier [...] sous peine d'excommunication ».
20 août. — *Lettre sur la comédie de L'Imposteur*, plaidoyer anonyme en faveur de Molière et de sa pièce.

1668. *13 janvier.* — *Amphitryon.*
4 mars. — Molière joue *Le Tartuffe* pour Monsieur le Prince, à l'hôtel de Condé.
15, 16, 18 ou 19 juillet. — *George Dandin*, créé à Versailles, dans le cadre du *Grand Divertissement Royal.*
9 septembre. — *L'Avare.*
20 septembre. — *Le Tartuffe* est joué par Molière à Chantilly, pour Condé.

1669. *5 février.* — Représentation publique de *Tartuffe*, enfin autorisée, au Palais-Royal. Triomphe sans précédent. Le jour même de la première, Molière adresse au roi son troisième placet. La comédie, éditée par Jean Ribou, sortira des presses le 23 mars (privilège du 15 mars).
4 avril. — Achève de s'imprimer *La Gloire du Val-de-Grâce*, où Molière loue son ami, le peintre Pierre Mignard.
6 octobre. — *Monsieur de Pourceaugnac*, joué pour la première fois à Chambord.

1670. — *La Critique du Tartuffe*, comédie anonyme, avec une *Lettre satirique sur Le Tartuffe écrite à l'auteur de La Critique*, paraît à Paris, chez Gabriel Quinet (privilège du 19 novembre 1669).
4 février. — *Les Amants magnifiques*, donnés pour le carnaval à Saint-Germain-en-Laye.

14 octobre. — *Le Bourgeois gentilhomme*, créé à Chambord.

1671. *17 janvier.* — Création de *Psyché*, dans la salle des Tuileries.
24 mai. — *Les Fourberies de Scapin.*
2 décembre. — À Saint-Germain-en-Laye est représentée pour la première fois *La Comtesse d'Escarbagnas*, un acte composé pour servir de préambule au *Ballet des ballets*.

1672. *11 mars.* — *Les Femmes savantes.*
1er octobre. — Baptême de Pierre-Jean-Baptiste-Armand Poquelin, fils de Molière. Le nouveau-né sera mis en terre le 12 du même mois.

1673. *10 février.* — *Le Malade imaginaire.*
17 février. — Quatrième représentation du *Malade imaginaire*. Molière, qui tient le rôle d'Argan, pris en scène d'un malaise, meurt à son domicile, rue de Richelieu, dans l'heure qui suit. Le curé de Saint-Eustache lui refuse la sépulture en terre chrétienne. Sur une intervention d'Armande à Versailles auprès de Louis XIV, Molière est inhumé de nuit, sans aucune pompe ni service funèbre, au cimetière Saint-Joseph.

1682. *30 juin.* — Achèvent de s'imprimer *Les Œuvres de Monsieur de Molière*, revues, corrigées et augmentées, en quatre volumes, édition établie par La Grange et Vivot, précédée d'une importante *Préface*. Deux autres tomes contenant les ouvrages non encore publiés sortiront des presses le 31 octobre suivant.

BIBLIOGRAPHIE

Le lieu d'édition, sauf indication contraire, est toujours Paris. Pour les ouvrages et articles anciens, se reporter à :

CIORANESCU, Alexandre, *Bibliographie de la Littérature française du XVIIe siècle*, t. II, Éditions du Centre national de la Recherche scientifique, 1966.

Éditions

Pour les éditions les plus anciennes, voir :

GUIBERT, A.-J., *Bibliographie des œuvres de Molière publiées au XVIIe siècle*, 2 vol., C.N.R.S., 1961, ainsi que ses deux *Suppléments* (1965 et 1973).

L'édition la plus complète actuellement disponible est celle qu'a procurée Georges Couton à la Bibliothèque de la Pléiade en 2 vol. :

MOLIÈRE, *Œuvres complètes*, Gallimard, 1971 (revue et mise à jour en 1976).

Depuis a paru l'édition du *Théâtre complet* procurée par Pierre MALANDAIN en deux volumes (Imprimerie Nationale, collection « La Salamandre », 1997).

Mais on peut encore consulter avec profit l'édition Eugène DESPOIS et Paul MESNARD des *Œuvres de Molière*, en 11 vol., dans la collection des Grands Écrivains de la France (Hachette, 1873-1893).

Pour *Le Tartuffe*, bornons-nous à signaler :

Le Tartuffe des comédiens. Notes sur Tartuffe *par*

P. Régnier, Paul Ollendorff, 2e éd., 1896 (1re éd., l'année précédente).

Tartuffe. Mise en scène de Fernand Ledoux, Éditions du Seuil, 1953.

Parmi les éditions séparées de la pièce les plus récentes, signalons celle de Jean Serroy, collection « Folio-Théâtre, 1997.

Ouvrages sur Molière

Albanese, Ralph Jr, *Le Dynamisme de la peur chez Molière : une étude socioculturelle de* Dom Juan, Tartuffe *et* L'École des femmes, University of Mississippi, Romance Monographs Inc., 1976.

Albanese, Ralph Jr, *Molière à l'école républicaine (...) 1870-1914*, Saratoga, Californie, Anma libri, 1992.

Bonvallet, Pierre, *Molière de tous les jours*, Le Pré aux Clercs, 1985.

Bray, René, *Molière, homme de théâtre*, Mercure de France, 1954.

Cairncross, John, *Molière bourgeois et libertin*, A.-G. Nizet, 1963.

Collinet, Jean-Pierre, *Lectures de Molière*, Armand Colin, 1974.

Conesa, Gabriel, *Le Dialogue moliéresque. Étude stylistique et dramaturgique*, Presses Universitaires de France, 1983.

Corvin, Michel, *Molière et ses metteurs en scène d'aujourd'hui*, Lyon, Presses Universitaires de Lyon, 1985.

Dandrey, Patrick, *Molière ou l'esthétique du ridicule*, Klincksieck, 1992.

Defaux, Gérard, *Molière, ou les métamorphoses du comique : de la comédie morale au triomphe de la folie*, Lexington, Kentucky, French Forum Publishers, 1980.

Descotes, Maurice, *Les Grands Rôles du théâtre de Molière*, P.U.F., 1960.

Descotes, Maurice, *Molière et sa fortune littéraire*, Saint-Médard-en-Jalles, G. Ducros, 1970.

FORESTIER, Georges, *Molière en toutes lettres*, Bordas, 1990.

GAXOTTE, Pierre, *Molière*, Flammarion, 1977.

GOLDSCHMIDT, Georges-Arthur, *Molière ou la liberté mise à nu*, Julliard, 1973, réédition, Circé, 1997.

GRIMM, Jünger, *Molière en son temps*, collection « Biblio 17 », Paris, Seattle, Tübingen, Papers on French Seventeenth Century Literature, 1993.

GUICHARNAUD, Jacques, *Molière, une aventure théâtrale.* Tartuffe, Dom Juan, Le Misanthrope, Gallimard, 1963.

GUTWIRTH, Marcel, *Molière ou l'invention comique. La métamorphose des thèmes, la création des types*, Minard, 1966.

HALL, H. Gaston, *Comedy in Context : Essays on Molière*, Jackson, University Press of Mississippi, 1984.

HUBERT, Judd D., *Molière and the Comedy of Intellect*, Berkeley et Los Angeles, University of California Press, 1962.

IKOR, Roger, *Molière double*, P.U.F., 1977.

JASINSKI, René, *Molière*, Hatier, 1969.

MONGRÉDIEN, Georges, *Recueil des textes et des documents du* XVIIe *siècle relatifs à Molière*, 2 vol., C.N.R.S., 1966 (*Supplément* par Jacques Vanuxem et Georges Mongrédien dans XVIIe *siècle*, n° 98-99, 1973).

SIMON, Alfred, *Molière, une vie*, Lyon, La Manufacture, 1987.

SIMON, Alfred, *Molière*, collection « Écrivains de toujours », nouvelle édition augmentée, Éditions du Seuil, 1996.

TRUCHET, Jacques, *La Thématique de Molière*, C.D.U.-S.E.D.E.S., 1985.

Travaux sur Le Tartuffe

BAUMAL, Francis, *La Genèse du* Tartuffe. *Molière et les dévots*, Édition du Livre Mensuel, 1919.

BAUMAL, Francis, Tartuffe *et ses avatars. De Montufar à Dom Juan*, Livre Mensuel, 1925.

BECK, William John, « Tartuffe. La Fouine de Séville ou simplement une belette de La Fontaine », *Revue d'Histoire du Théâtre*, juillet-septembre 1982.

BIRNBERG, Jacques, « La lecture stendhalienne du *Tartuffe* », *Stendhal et le romantisme (XVe colloque international stendhalien)*, Anan (Suisse), Éditions du Grand Chêne, 1984.

BRODY, Jules, « Amours de Tartuffe », *Dramaturgies, langages dramatiques* (Mélanges Jacques Scherer), A.-G. Nizet, 1986.

CAIRNCROSS, John, « *Tartuffe*, ou Molière hypocrite », *Revue d'Histoire littéraire de la France*, septembre-décembre 1972 (numéro spécial consacré à Molière).

CHARLIER, Gustave, « Le premier *Tartuffe* », *Académie de Bruxelles*, II, 1923.

COUTON, Georges, « Réflexions sur *Tartuffe* et le péché d'hypocrisie, "cas réservé" », *Revue d'Histoire littéraire de la France*, mai-août 1969.

DERCHE, Roland, « Encore un modèle possible de Tartuffe, Henri-Marie Boudon », *Revue d'Histoire littéraire de la France*, 1951.

EMARD, P., *Tartuffe, sa vie, son milieu*, Droz, 1932.

FERREYROLLES, Gérard, *Molière, Tartuffe*, Presses Universitaires de France, 1987.

GOYET, Thérèse, « Tartuffe parle-t-il chrétien ? Essai sur l'emploi des "termes consacrés" à la scène », *Mélanges [...] offerts à Georges Couton*, Lyon, Presses Universitaires de Lyon, 1981.

HORVILLE, Robert, Le Tartuffe *de Molière*, Hachette, 1973.

LACOUR, Louis, Le Tartuffe *par ordre de Louis XIV*, Claudin, 1887.

LEMAITRE, Jules, *Les Contemporains. Études et portraits littéraires, septième série*, 13e édition, Société française d'imprimerie et de librairie, s.d.

LEMAITRE, Jules, *Impressions de théâtre. Quatrième série*, 7e édition, Lecène, Oudin et Cie, 1892.

MONTGOMERY, Edward D., « Tartuffe : the history and sense of a name », *Modern Language Notes*, mai 1973.

MOREL, Jacques, « D'Araspe à Tartuffe : un exemple de réécriture burlesque », *L'Esprit et la lettre* (Mélanges Jules Brody), Tübingen, Günter Narr, 1996.

NIDERST, Alain, « Les défauts de *Tartuffe* », *Dramaturgies, langages dramatiques* (Mélanges Jacques Scherer), A.-G. Nizet, 1986.

PICARD, Raymond, « *Tartuffe*, "production impie" », *Mélanges [...] offerts à Raymond Lebègue*, A.-G. Nizet. 1969.

POMMIER, René, *Études sur « Le Tartuffe »*, S.E.D.E.S, 1994.

RENARD, André, « L'ambiguïté de *Tartuffe* », *L'Information littéraire*, novembre-décembre 1981.

ROUSSET, Jean, *La Littérature de l'âge baroque en France. Circé et le Paon*, José Corti, 1954.

SALOMON, Herman Prins, Tartuffe *devant l'opinion française*, P.U.F., 1962.

SCHERER, Jacques, *Structures de* Tartuffe, S.E.D.E.S., 1966 (2e éd. 1974).

TABLE DES ILLUSTRATIONS

Louis Jouvet et Monique Mélinand, au théâtre de l'Athénée, janvier 1950. Photo Lipnitzki-Viollet 21

Béatrice Bretty et Fernand Ledoux, à la Comédie-Française, janvier 1951. Photo Lipnitzki-Viollet 42

Tartuffe (acte IV, scène 5), frontispice de P. Brissart gravé par J. Sauvé. *Œuvres* de Molière, édition de Vinot et Lagrange, 1682. Bibliothèque de la Comédie-Française. Coll. Hachette 142

Jacques Charon et Robert Hirsch, à la Comédie-Française, décembre 1968, dans une mise en scène de J. Charon. Photo Lipnitzki-Viollet...... 178

Journal de la troupe de Molière : l'interdiction de *Tartuffe*, août 1667. Paris B.N.F. Photo Roger-Viollet 200

Table

Préface de Jean-Pierre Collinet 7

LE TARTUFFE

Préface de Molière 33
Placets au Roi 43
Acte I 51
Acte II 75
Acte III 107
Acte IV 131
Acte V 153

DOSSIER

COMMENTAIRES 179
Analyse de l'action 179
Les personnages 182
Dramaturgie 191
La bataille de Tartuffe 197

BIOGRAPHIE 203

BIBLIOGRAPHIE 209

TABLE DES ILLUSTRATIONS 215

Le Théâtre
Dans Le Livre de Poche

Extrait du catalogue

AYMÉ *Marcel*
La Tête des autres

BEAUMARCHAIS
Le Barbier de Séville
Le Mariage de Figaro

COCTEAU *Jean*
Les Enfants terribles
La Machine infernale

CORNEILLE
Le Cid
Horace
Cinna
L'Illusion comique
Suréna
Polyeucte

DUMAS *Alexandre (fils)*
La Dame aux camélias

FEYDEAU *Georges*
Le Dindon
Occupe-toi d'Amélie

GIRAUDOUX *Jean*
La guerre de Troie n'aura pas lieu
Electre
Intermezzo
Ondine
Aphitryon 38
La Folle de Chaillot
Théâtre complet *(La Pochothèque)*

HUGO *Victor*
Hernani
Ruy Blas

IBSEN *Henrik*
Une maison de poupée

JARRY *Alfred*
Tout Ubu

LABICHE *Eugène*
Le Voyage de M. Perrichon
Un chapeau de paille d'Italie
La Cagnotte

MAETERLINCK *Maurice*
Pelléas et Mélisande

MARIVAUX
Le Jeu de l'amour et du hasard
La Double Inconstance *suivi de* Arlequin poli par l'amour
La Surprise de l'amour *suivi de* La Seconde Surprise de l'amour
L'École des mères *suivi de* La Mère confidente

MOLIÈRE
Le Tartuffe
Le Bourgeois gentilhomme
Dom Juan
Le Misanthrope
Le Malade imaginaire
L'Avare
L'École des femmes
Les Femmes savantes
Les Fourberies de Scapin

Le Médecin malgré lui
George Dandin *suivi de* La Jalousie du Barbouillé
Amphitryon
Les Précieuses ridicules

MUSSET
Lorenzaccio
Fantasio (*suivi de* Aldo le Rimeur *de George Sand et de* Léonce et Léna *de Georg Büchner*)

PIRANDELLO
Henri IV / Le Jeu des rôles
Qui sait la vérité ?
Six Personnages en quête d'auteur
Ce soir on improvise

RACINE
Phèdre
Iphigénie
Britannicus
Andromaque
Bérénice
Bajazet
Athalie
Les Plaideurs
Théâtre complet *(La Pochothèque)*

ROSTAND *Edmond*
Cyrano de Bergerac

SHAKESPEARE
Roméo et Juliette *suivi de* Le Songe d'une nuit d'été
Hamlet *suivi de* Othello *et de* Macbeth
Jules César

SOPHOCLE
Antigone
Œdipe-Roi

TCHÉKHOV
La Mouette
Oncle Vania
La Cerisaie
Les Trois Sœurs

XXX
Farces du Grand Siècle
Le Théâtre en France *(La Pochothèque)*

ZWEIG *Stefan*
Romans, nouvelles, théâtre *(La Pochothèque)*

Composition réalisée par NORD COMPO

IMPRIMÉ EN FRANCE PAR BRODARD ET TAUPIN
La Flèche (Sarthe).
N° d'imprimeur : 2944 – Dépôt légal Édit. 4348-06/2000
LIBRAIRIE GÉNÉRALE FRANÇAISE - 43, quai de Grenelle - 75015 Paris.
ISBN : 2 - 253 - 03776 - 1

30/6122/3